Peter Schuhmann

Kartoffeln lagern

Kompaktwissen

Prof. Dr. Dr. h.c. Peter Schuhmann
Studium der Landwirtschaft an der Universität Leipzig. Dann langjährige Leitungstätigkeit in der landwirtschaftlichen Praxis. Promotion zum Dr. agr. an der Timirjasew-Akademie in Moskau sowie Habilitation an der Akademie der Landwirtschaftswissenschaften (AdL). Verleihung der Ehrendoktorwürde von der Agraruniversität Keszthely, Ungarn. Gastvorlesungen an der Humboldt-Universität Berlin, der Martin-Luther-Universität Halle-Wittenberg sowie weiteren Hochschulen. Sein Arbeitsgebiet umfasst die acker- und pflanzenbauliche sowie technologische Fragen des Anbaues, der Lagerung und der Vermarktung von Kartoffeln. Zahlreiche Vorlesungen, Vorträge und Veröffentlichungen zu diesem Thema. Nach seiner Emeritierung engagierte er sich zudem in der Verbandsarbeit für die deutsche Kartoffelwirtschaft und als Berater für Pflanzenbau im russischsprachigen Raum.

1. Auflage 2023

Bibliografische Information der Deutschen Nationalbibliothek
Die Deutsche Nationalbibliothek verzeichnet diese Publikation in der Deutschen Nationalbibliografie; detaillierte bibliografische Daten sind im Internet über http://dnb.dnb.de abrufbar.

ISBN: 978-3-86263-170-4

mail@agrimedia.com · www.agrimedia.com
Satz/Layout: Anna-Lena Wahl
Gedruckt in der Europäischen Union
Der Inhalt dieses Buches ist auf säurefreiem, alterungsbeständigem Papier gedruckt, hergestellt aus chlorfrei gebleichtem Zellstoff aus FSC-zertifiziertem Holz.

Vorwort

Lagerung und Klimatisierung von Kartoffeln haben in den letzten Jahrzehnten beachtliche Veränderungen erfahren. Das gilt für weitgehend alle Verfahrensabschnitte und Verwendungszwecke. Der Hauptanteil der für Speisezwecke verwendeten Kartoffeln wurde bis in die 1960er Jahre vorwiegend lose oder als gesackte Ware im Herbst als Einkellerungskartoffeln an die Bevölkerung verkauft. Heute sind Einkellerung und Mietenlagerung nur noch als große Ausnahme anzusehen. Der typische Kartoffelkunde kauft ganzjährig die Kartoffeln meist nur im Rahmen eines Wochenbedarfes in Form von Kleinabpackungen je nach benötigtem Kochtyp und äußerer Wahrnehmung der erwarteten Qualität. Der Eigenanbau oder der Kartoffelkauf direkt beim Erzeuger sind stark zurückgegangen.

Zwischenzeitlich hat sich ein System etabliert, welches die ganzjährige Versorgung mit Kartoffeln über meist überbetrieblich organisierte große Anlagen zur Lagerung, Aufbereitung und Vermarktung sowie die Logistikzentren der großen Handelsketten sicherstellt. Dieser Prozess wird nach verschiedenen Standards und Kontrollsystemen zur Einhaltung der geforderten Qualitäten einschließlich der Rückverfolgbarkeit auf jeder einzelnen Stufe gesichert.

Kartoffelknollen sind lebende Organismen, die empfindlich auf Bedingungen reagieren, die sie umgeben. Besonders bedeutsam während der Lagerung sind Prozesse, wie Atmung, Verdunstung und beginnende Keimung. Der Prozess der Lagerhaltung umfasst somit einen Komplex von Maßnahmen, die hinsichtlich der Biologie der Knollen, der eingesetzten Technik und Technologie der Bewirtschaftung und letztendlich der Wirtschaftlichkeit im engen Zusammenhang miteinander stehen und zu beachten sind.

In den heute dominierenden großen Lagerungs- und Abpackbetrieben werden die Kartoffeln nach dem neuesten Stand der Forschung und besten Erfahrungen der Praxis sehr schonend behandelt und mit hohem technischen Aufwand zur Lagerklimagestaltung bis zum Zeitpunkt des Verkaufes gelagert, aufbereitet und verpackt. Bei Einsatz von technischer Kälte ist eine Lagerung bis in den Juli hinein bei guter Qualität möglich.

Das äußere Bild der zum Verkauf angebotenen Kartoffeln ist mehrheitlich sehr ansprechend. Kartoffeln werden meist in großer Sortimentsbreite ganzjährig angeboten. Beim Preis sollte bedacht werden, dass der Anbauer vom Endverbrauchspreis meist nur 20 bis 25 % erhält und auch die Lagerung von Kartoffeln nicht in jedem Jahr die dabei entstehenden Kosten abdeckt.

Rostock, Juli 2023 — Prof. Dr. Peter Schuhmann

Inhalt

1 Vermarktungsfähige Ware als Ziel

Vor 50 Jahren war fast alles anders. Das gilt auch für die Lagerung von Kartoffeln.

Der Hauptanteil der für Speisezwecke verwendeten Kartoffeln wurde damals lose oder als gesackte Ware im Herbst als Einkellerungskartoffeln an die Bevölkerung verkauft. Die zum Einsatz im Frühjahr vorgesehenen Kartoffeln (z. B. Pflanzkartoffeln) wurden beim Landwirt in Mieten gelagert. Lagerhäuser für Kartoffeln gab es nur vereinzelt. Das alles war meist mit hohem Zeitaufwand sowie großen Verlusten infolge von Fäulnis, vorzeitiger Keimung oder Erfrierung verbunden.

Heute sind Einkellerung und Mietenlagerung nur noch als große Ausnahme anzusehen. Der typische Kartoffelkunde kauft ganzjährig die Kartoffeln meist nur im Rahmen eines Wochenbedarfes in Form von Kleinabpackungen je nach benötigtem Kochtyp und äußerer Wahrnehmung der erwarteten Qualität. Der Eigenanbau oder der Kartoffelkauf direkt beim Erzeuger gehen stark zurück.

In den heute dominierenden großen Lagerungs- und Abpackbetrieben werden die Kartoffeln nach dem neuesten Stand der Forschung und besten Erfahrungen der Praxis sehr schonend behandelt und mit hohem technischen Aufwand zur Lagerklimagestaltung bis zum Zeitpunkt des Verkaufes gelagert, aufbereitet und verpackt. Bei Einsatz von technischer Kälte ist eine Lagerung bis in den Juli hinein bei guter Qualität möglich.

Damit dieses alles gut funktioniert, ist zwischenzeitlich ein System von qualifizierten Kartoffelanbauern, meist überbetrieblich organisierten großen Anlagen zur Lagerung, Aufbereitung und Vermarktung von Kartoffeln sowie von Logistikzentren der großen Handelsketten entstanden. Dieser Prozess wird nach verschiedenen Standards und Kontrollsystemen zur Einhaltung der geforderten Qualitäten einschließlich der Nachvollziehbarkeit des Weges des Produktes auf jeder einzelnen Stufe sichergestellt.

Beim Einkauf von Kartoffeln in kleinen Mengen für den Sofortverbrauch steht die Frage nach der Haltbarkeit und den Anforderungen an die Lagerung, ähnlich wie bei Obst und Gemüse, für den Käufer nicht mehr im Vordergrund, obwohl die Kartoffel wegen ihres hohen Wassergehalts von ca. 80 % ein empfindliches und leicht verderbliches Gut ist.

Dennoch sollten einige Mindestanforderungen zur Erhaltung der Qualität beachtet werden. Dazu zählen insbesondere:

- Schutz der Knollen vor Licht, insbesondere direkter Sonnenstrahlung,
- Schutz der Knollen vor Frost und hohen Temperaturen,
- Schutz der Knollen vor Nässe,
- Schutz der Knollen vor bereits von Fäule befallenen Knollen,
- Schutz der Knollen vor Erstickung,
- Schutz der Knollen vor zu starkem Luftwechsel,
- Vermeiden von Sortenvermischungen.

Diese Anforderungen ergeben sich aus dem Tatbestand, dass es sich bei Kartoffelknollen um lebende Organismen handelt. Sie reagieren sehr empfindlich auf die

Umweltbedingungen, die sie umgeben. Besonders bedeutsam während der Lagerung sind solche Prozesse, wie Atmung, Verdunstung und beginnende Keimung.

Der Lichteinfluss steht im Zusammenhang mit der nicht erwünschten Bildung bestimmter Alkaloide, insbesondere Solanin und Chaconin. Nach wenigen Tagen der Lichteinwirkung zeigt sich gut wahrnehmbar eine Grünverfärbung unterhalb der Schale. Solche Grünverfärbungen können sich bereits in den Auslagen der Verkaufsstellen entwickeln. Grüne Knollen sind vom Verzehr auszuschließen.

Der Temperatureinfluss ist für lagernde Kartoffeln von besonders großer Bedeutung wegen seiner Regelungsfunktion auf die Geschwindigkeit der sich in den Knollen abspielenden Stoffwechselprozesse. Die optimale Temperatur liegt bei ca. 5° C, weil dann die Intensität der Atmung ein Minimum erreicht. Dementsprechend ist dann auch der unvermeidbare Masseschwund infolge veratmeter Stärke und Verdunstung von Wasser mit 6 g je t und Stunde am geringsten. Ein Verlust in dieser Größenordnung spielt im Haushalt keine Rolle. Für ein großes Lagerhaus mit z. B. 30 000 t Lagerkapazität ergeben sich im Verlaufe eines Monats Lagerungsverluste von immerhin 130 t.

Wichtig ist auch das getrennte Aufbewahren von Packungen unterschiedlicher Sorten. Jede Sorte hat ihre typischen Eigenschaften. Im Haushalt zeigt sich das vor allem an unterschiedlicher Fleischfarbe und Kochdauer sowie am Geschmack.

Äußere Knollenmängel, die innerhalb des Toleranzbereiches, z. B. in Form von Silberschorf, auftreten können, sind meist unbedenklich und werden im Prozess der Zubereitung durch Schälen entfernt. Innere Knollenmängel, wie z. B. Schwarzverfärbung des Knollenfleisches, dürfen nur bis zu einer bestimmten Grenze in der zu verkaufenden Ware vorhanden sein. Das gilt auch für tierische Frassschäden und sonstige Mängel.

Lagerbedingungen müssen stimmen

Mit der geeigneten, qualitätserhaltenden Lagerung von Kartoffeln können Zeitspannen mit höheren Preisen besser genutzt und der Markt möglichst lange bedient werden. Außerdem kann man mit einem Lager die Arbeitsspitzen im Betrieb deutlich entzerren. Aufgrund ihres hohen Wassergehalts, der temperaturabhängigen Atmung und des hohen Beschädigungsrisikos ist die Kartoffel bezüglich der Lagerung jedoch sehr anspruchsvoll. Eine Vielzahl von Schaderregern kann vom Feld ins Lager gelangen und sich dort bei günstigen Bedingungen ausbreiten.

Der Lebensmitteleinzelhandel und die Verarbeiter von Kartoffeln stellen wiederum hohe Ansprüche an die Qualität der Knollen. Das äußere Erscheinungsbild muss stimmen. Lagerdruckstellen, Drahtwurmlöcher, Schorf und Rhizoctonia sollten möglichst gar nicht oder nur in geringem Maße vorkommen.

Eine erfolgreiche Lagerung hängt demzufolge nicht nur von der technischen Ausstattung und der klimatischen Führung des Lagers ab, sondern vor allem auch von der Qualität der einzulagernden Kartoffeln.

Das äußere Bild der zum Verkauf angebotenen Kartoffeln ist mehrheitlich jedoch sehr ansprechend. Kartoffeln werden meist auch in großer Sortimentsbreite ganzjährig angeboten. Beim Preis sollte bedacht werden, dass der Kartoffelanbauer vom Endverbrauchspreis meist nur 20 bis 25 % erhält und auch die Lagerung von Kartoffeln nicht in jedem Jahr die dabei entstehenden Kosten abdeckt.

Eine deutliche Verschiebung hat sich beim Pro-Kopf-Verbrauch für Speisekartoffeln ergeben. Von den insgesamt nur noch ca. 60 kg/Kopf und Jahr werden in Deutschland bereits über die Hälfte in Form von Veredelungsprodukten verzehrt.

Dennoch ist und bleibt die Kartoffel ein gesundes unverfälschtes Nahrungsmittel mit hohem Gesundheitswert, vielfältigen Varianten der Zubereitung und dem Merkmal, dass man sie trotz zunehmender Hinwendung zu Fast Food immer wieder in ihrer ursprünglichen Form mag.

Schnelle Abtrocknung

Versuchsstation Dethlingen

Eine möglichst schnelle Abtrocknung nach der Einlagerung entzieht den meisten Schaderregern weitgehend die Lebensgrundlage und schränkt ihre Aktivitäten nachhaltig ein. Der damit verbundene Wasserverlust wird durch eine höhere Widerstandsfähigkeit gegenüber Fäulnis und einen schnelleren Übergang in eine die Knolle stabilisierende Wundheilungsphase mehr als wettgemacht.

Die sicherste und schnellste Abtrocknung der eingelagerten Kartoffeln ist mit einer im Verhältnis zur Knollentemperatur um mindestens 2 °C kälteren Außenluft zu realisieren.

Abb. 1-1: Eine gute Enterdung der Kartoffeln vor der Einlagerung ist für eine zügige Abtrocknungsphase wichtig.

2 Qualitätsmerkmale von Kartoffeln

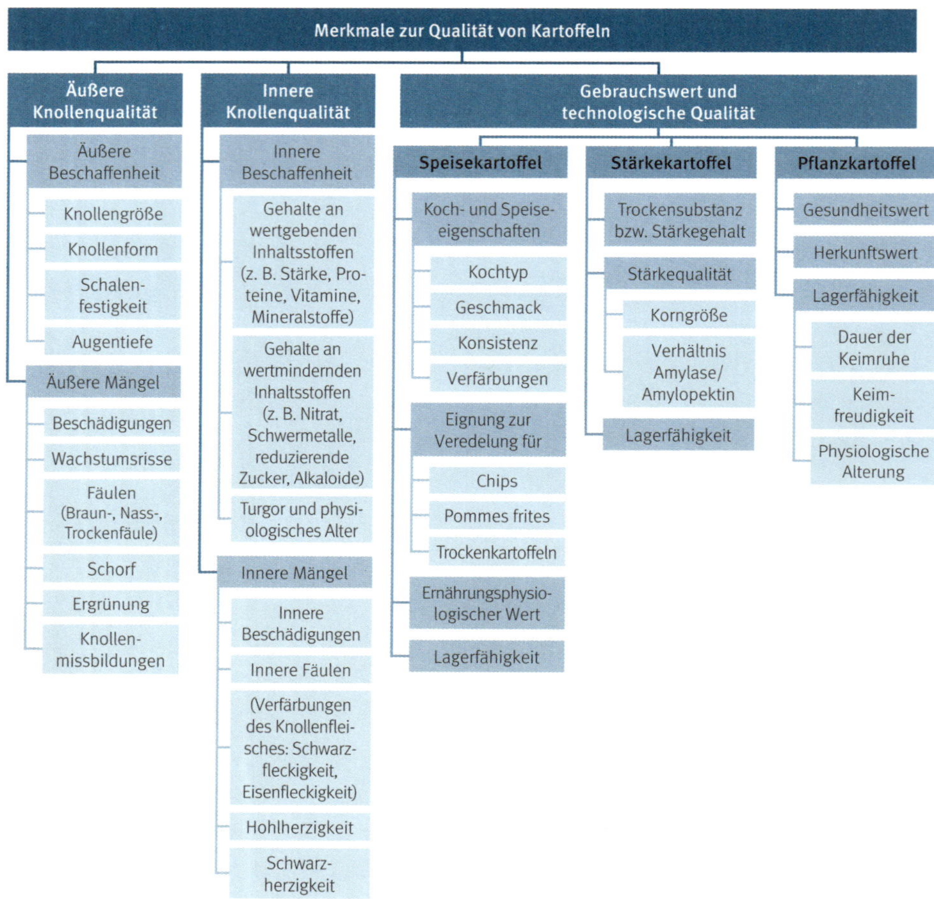

Abb. 2-1: Merkmale zur Charakterisierung der Qualität von Kartoffeln

Bei der Bewertung des Zustandes von Kartoffelknollen lässt sich neben dem Gebrauchswert und der technologischen Qualität zunächst zwischen der äußeren und der inneren Qualität unterscheiden. Diese lassen sich wiederum jeweils in äußere und innere Beschaffenheit sowie nach äußeren und inneren Mängeln unterscheiden. (Abb. 2-1).

Zu den **äußeren Mängeln** werden gerechnet:

- Beschädigungen,
- Wachstumsrisse,
- Fäulen,
- Schorf,
- Ergrünung und Knollenmissbildungen.

Zu den **inneren Mängeln** gehören:

- innere Beschädigungen,
- innere Fäulen,
- Hohlherzigkeit,
- Schwarzherzigkeit,
- Schwarzfleckigkeit.

Abb. 2-2: Eine schonende Ernte- und Aufbereitungstechnik, mit Sortierung, Reinigung und Verpackung, und eine Qualitätskontrolle vor und nach dem Aufbereiten sind zur Erhaltung der Qualität bis zum Endverbraucher unverzichtbar.

Je nach Intensität der Ausprägung eines Mangels wird im Handel mit Kartoffeln nach Verwendungszweck, z. B. für Pflanzkartoffeln, noch zwischen **leichten** und **schweren Mängeln** unterschieden und werden entsprechende **Toleranz-** und **Weigerungsgrenzen** festgelegt. Alle diese Mängel sind letztendlich Ergebnis von äußeren Einwirkungen auf die Kartoffelpflanzen im Feldbestand bzw. auf die Knollen während des Wachstums und den nachfolgenden Prozessen Ernte, Transport, Lagerung und Aufbereitung.

Zu den wichtigsten äußeren Einwirkungen zählen:

- Wachstumsbedingungen, wie Wasserversorgung, Nährstoffversorgung, Temperatur,
- Infektionsdruck durch Krankheitserreger und Auftreten von Schädlingen,
- Maßnahmen der Anbautechnik und der Mechanisierung der Arbeitsprozesse bis hin zur Vermarktung.

Diese Faktoren werden überlagert durch die Eigenschaften der Sorten, den physiologischen Zustand einer jeweiligen Partie und insbesondere durch die Rolle des Menschen bei der Gestaltung aller auf die Qualität einwirkenden Prozesse.

Beschädigungen führen nicht nur zu direkten Knollenverletzungen, sondern erhöhen auch die Infektionsgefahr im Lager. Pilzlichen und bakteriellen Krankheitserregern werden vielfach erst durch die Beschädigungen Eintrittsöffnungen in die Knollen geschaffen, wo sie sich weiterentwickeln können. Gleichzeitig steigt die Wasserabgabe der Knollen im Lager durch die Beschädigungen an und fördert die Neigung zur Schwarzfleckigkeit bei der späteren Aufbereitung.

Während der Ernte und des Umschlags bis zur Einlagerung wirkt eine Vielzahl von Einflussgrößen über die Anzahl und Intensität mechanischer Beanspruchungen auf die Kartoffeln ein.

Ausgeprägt positive Wirkungen im Sinne geringer Knollenbeschädigungen haben (Abb. 2-3 bis 2-6):

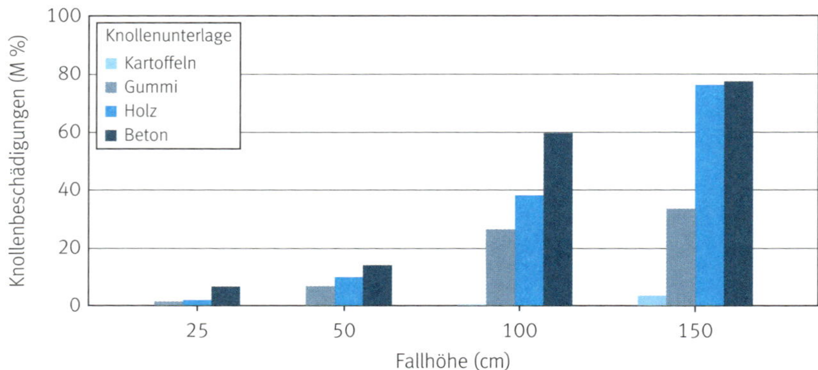

Abb. 2-3: Knollenbeschädigungen in Abhängigkeit von Knollenunterlage und Fallhöhe (Quelle: Larson in Pötke, 1980)

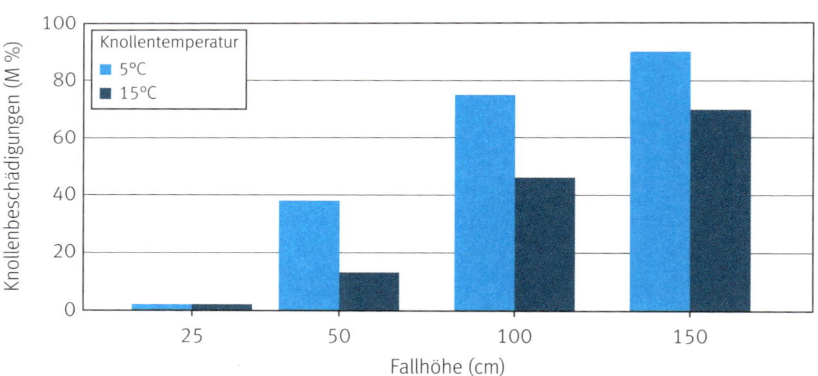

Abb. 2-4: Knollenbeschädigungen in Abhängigkeit von Knollentemperatur und Fallhöhe (Quelle: Larson in Pötke, 1980)

- geringe Beschädigungsempfindlichkeit der Sorte,
- zunehmender Reifegrad der geernteten Kartoffeln,
- mittlere Einzelknollenmasse,
- Knollentemperaturen möglichst über 10 °C,
- abnehmender Zellinnendruck (Turgor),
- geringer Anteil stückiger Beimengungen im Erntegut,
- geringe Umlaufgeschwindigkeit der Trenn- und Förderelemente,
- Elastizität der Unterlage bei der Übergabe des Gutstroms,
- niedrige Fallhöhen,
- kurze Rollstrecken und wenig Gutstromumlenkungen,
- wenig Umschlagprozesse,
- generell: Verminderung der Druck- und Stoßbelastungen.

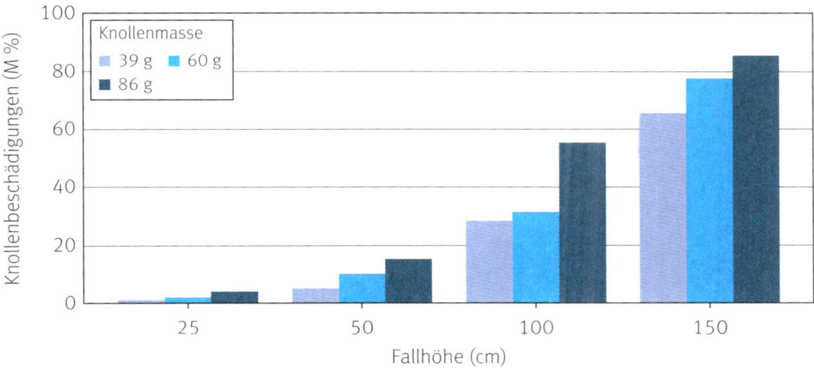

Abb. 2-5: Knollenbeschädigungen in Abhängigkeit von Knollenmasse und Fallhöhe (Quelle: Larson in Pötke, 1980)

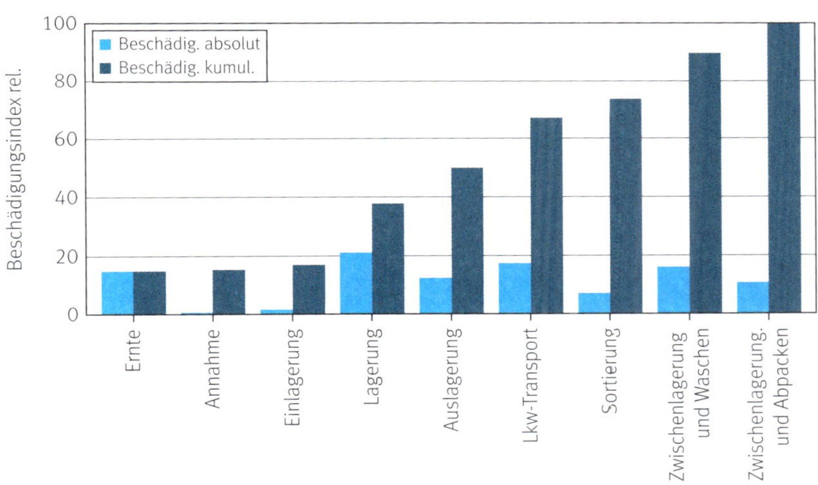

Abb. 2-6: Anteile von Knollenbeschädigungen bei Ernte, Lagerung und Aufbereitung (Quelle: verändert nach Boumann, 1995)

Mechanische Belastungen bereits beim Roden und bei der Logistik minimieren

Rolf Peters, LWK Niedersachsen

Mechanische Belastungen, verursacht beispielsweise durch Stöße oder freien Fall, wirken mit hohen Kräften auf das Gewebe der Kartoffelknolle. Das Ausmaß der Belastungen hängt von der Häufigkeit und Stärke der Stöße sowie der Empfindlichkeit des Knollengewebes ab. Viele kleinere Stöße auf die gleiche Stelle bewirken vergleichbare Schäden wie ein starker Stoß. Größere und kältere Knollen sind deutlich beschädigungsempfindlicher. Bei Lagerdruckstellen ist das Knollengewebe durch die Druckbelastung bereits stark geschwächt, sodass bei kalten Kartoffeln schon kleine Stöße ausreichen, um Schwarzfleckigkeit oder Nekrosen hervorzurufen.

Abb. 2-7: Mechanische Beschädigung an der Kartoffelknolle

Mithilfe eines abknickbaren Bunkerkopfes und der Nutzung eines Kistenbefülltrichters lässt sich die Fallhöhe beim Überladen während der Ernte deutlich reduzieren. Noch schonender wird es für die Knollen, wenn das Transportfahrzeug zusätzlich mit einem Fallsegel, tief hängenden Fallbrechern oder einer Bodenpolsterung ausgerüstet ist (links). Die geringsten Knollenbeschädigungen sind bei Großkisten festzustellen, deren Breite ein vollständiges Eintauchen des Kistenbefülltrichters gewährleistet (rechts).

3 Biologie der lagernden Kartoffeln

Atmungsrate und physiologisches Alter

Versuchsstation Dethlingen

Die Atmungsrate der Knollen kann als mögliche Messgröße dienen, über deren Intensität die zu erwartende physiologische Alterung der unterschiedlichen Partien abgeleitet werden kann. Da die Bestimmung der Atmungsrate von Kartoffelknollen mit einem hohen technischen Aufwand verbunden ist, bietet sich die Berechnung von Gradtagen als ein Ansatz zur Abschätzung des physiologischen Alters der Lagerkartoffeln an. Dabei werden Lagertemperaturen oberhalb von 4 °C als altersfördernd eingestuft und entsprechend erfasst.

Abb. 3-1: Stresssituationen während der Wachstumsphase und im Lager sowie Knollenbeschädigungen können eine langanhaltende Erhöhung der Atmungsrate nach sich ziehen und die physiologische Alterung in unerwünschter Weise beschleunigen.

In den lagernden Kartoffeln spielen sich, wenn auch äußerlich kaum wahrnehmbar, eine Vielzahl von Lebensprozessen ab. Dazu zählen: Atmung, Verdunstung, Wundheilung, Krankheitsabwehr, Zellteilung und Keimung. Um diese Lebensprozesse aufrechtzuerhalten, vollziehen sich im Knolleninneren komplizierte Stoffwechselprozesse, die mit einer Veränderung der Knolleninhaltsstoffe verbunden sind. Im Ergebnis dessen verbrauchen die Kartoffeln eigene Energieträger, was zu einer kontinuierlichen Gewichtsabnahme (Schwund) führt. Da im Prozess der Atmung durch die Kartoffelknollen auch Wärme abgegeben wird, findet im Stapel ständig eine Eigenerwärmung statt (ca. 0,2 bis 0,4 K/Tag), der ebenfalls durch Luftaustausch entgegenzuwirken ist.

Bei der **Atmung** werden CO_2, Wasserdampf und Energie frei, die durch Belüftung einer lagernden Partie abgeführt werden müssen. Im Haushalt haben diese Zusammenhänge hinsichtlich ihrer wirtschaftlichen Bedeutung jedoch kaum eine Bedeutung.

Je mehr die Temperatur vom Optimum nach oben oder nach unten abweicht, umso stärker veratmet die Knolle ihre Eigenmasse. Bei Temperaturen um 1 °C werden die Kartoffeln süß und bei Frosttemperaturen erfrieren sie und werden für den Verzehr wertlos. Bei Temperaturen über 8 °C beginnen die Kartoffeln langsam zu keimen, wenn sie nicht vorher mit keimhemmenden Mitteln behandelt wurden. Auch dann ist ihr Speisewert gemindert.

Der **Schutz vor Nässe** ist ebenfalls von großer Bedeutung. Ein die Knolle umgebender Wasserfilm erschwert den Gasaustausch und ermöglicht bestimmten Fäuleerregern beste Lebensbedingungen, was in kurzer Zeit zum Verderb befallener Knollen führen kann. Das gilt insbesondere dann, wenn sich, entgegen den Gütevorschriften, bereits mit Fäule befallene Knollen in der Packung befinden. Solche Knollen sind unverzüglich auszulesen, weil sie benachbarte Knollen infizieren können.

Aus Gründen ungehinderter Atemtätigkeit sind die Kartoffeln luftzugänglich aufzubewahren. Bei Lagerung in geschlossenen Folienbeuteln entwickelt sich in kurzer Zeit ein unerwünschtes Mikroklima mit hoher Luftfeuchtigkeit, höherer Temperatur und einem erhöhten CO_2-Gehalt, was ebenfalls zum beschleunigten Verderb der Ware führen kann.

Zu starker Luftwechsel fördert durch verstärkte Transpiration das Verwelken der Knolle, was meist mit erhöhten Schälverlusten verbunden ist. Solche welken Knollen können in einem Wasserbad innerhalb einer Stunde wieder »frisch« gemacht werden.

Das biologische Verhalten der lagernden Kartoffeln und die sich im Knolleninneren abspielenden Lebensprozesse werden sowohl durch chemische Prozesse als auch durch physikalische Einwirkungen gesteuert. Dabei spielen folgende Faktoren eine Rolle:

- Sorteneigenschaften, Reifegrad und physiologischer Zustand (z. B. physiologisches Alter) der eingelagerten Kartoffeln,
- Beschädigungsgrad und Belastung der Knollen mit Krankheitserregern, insbesondere denen von Lagerungsfäulen,
- Temperatur der Knollen und die der die Knollen umgebenden Luft,
- Luftfeuchtigkeit,
- Luftzusammensetzung hinsichtlich ihrer Komponenten (z. B. CO_2),
- Lichtzutritt,
- Zeitpunkt und Dauer der Einwirkung der jeweiligen Luftzustände,
- Luftmenge und Luftgeschwindigkeit bei Belüftung,
- Einwirken chemischer Wirkstoffe, z. B. zur Keimhemmung.

Die **Lagerungsverluste** setzen sich zusammen aus:

- Verlusten durch Schwund infolge Atmung und Verdunstung,
- Verlusten durch Knollenfäulen und sonstige qualitätsmindernde Einflüsse, wie Frost oder Tierfraß und
- Verlusten durch Keimung.

Abb. 3-2: Minimale Lagerungsverluste bei der Kartoffellagerung, ohne Verluste durch Keimung und Fäulnis, bei optimaler Lüftungsführung (Quelle: verändert nach Pötke, 1980)

Monat	Lagerungs-temperatur (°C)	Atmungsverluste an TS[1] (g/t,h)	Verdunstungs-verluste (g/t,h)	Schwund		
				g/t,h	% je Monat	% kumulativ
September	15	5,0 (2,0)	20,0	22,0	1,6	1,6
Oktober	12	4,0 (1,6)	6,4	8,0	0,6	2,2
November	6	3,0 (1,2)	5,0	6,2	0,5	2,7
Dezember	4–6	2,5 (1,0)	4,5	5,5	0,4	3,1
Januar	4–6	2,5 (1,0)	4,5	5,5	0,4	3,5
Februar	4–6	2,5 (1,0)	4,5	5,5	0,4	3,9
März	4–6	2,5 (1,0)	4,5	5,5	0,4	4,3
April	6–7	2,5 (1,0)	6,0	7,0	0,5	4,8
Mai	9–10	4,0 (1,6)	7,9	9,5	0,7	5,5
Juni[2]	(6) 9–10	4,0 (1,6)	7,9	9,5	0,7	6,2

[1] *Werte in (): ≈ 40 % für Anrechnung auf Schwund, da bei Atmung entstandenes Wasser zum Teil in den Zellen verbleibt.*
[2] *Nur mit Einsatz von Keimhemmungsmitteln oder Kältetechnik*

Ausgeprägt positive Wirkungen im Sinne geringer Lagerungsverluste haben:

- geringe Beschädigung bei Ernte, Umschlag und Einlagerung,
- geringe Fäulebelastung,
- gute Durchlüftbarkeit des Stapels,
- keine Schüttkegel im Stapel,
- geringe Anzahl von Umschlagprozessen vor der Einlagerung,
- schnelle Abtrocknung,
- vollkommene Wundheilung,
- keine überhöhte Intensität des Luftwechsels im Lager,
- ausreichend hohe relative Luftfeuchte,
- Vermeiden von Schwitzschichten und Temperaturschichtungen im Stapel,
- Vermeiden überhöhter Atmung und Keimung,
- Einhalten der jeweilig optimalen Temperatur im Stapel,
- Vermeiden häufigen Temperaturwechsels.

Die Masseverluste während der Lagerung können somit in weiten Grenzen schwanken.

Die Intensität dieses Prozesses ist abhängig von den genetisch fixierten Sortenmerkmalen sowie dem physiologischen Zustand und dem Gesundheitszustand der Knollen und wird vorrangig über die die Knollen umgebende Temperatur gesteuert (Tab. 3-2).

4 Schäden an Kartoffelknollen

Der Ertrag und die Qualität der Kartoffelknollen können durch den Befall von Blättern, Stängeln, Wurzeln und Knollen mit Schadorganismen erheblich beeinträchtigt werden. Die Symptome der häufigsten pilzlichen und bakteriellen Knollenerkrankungen sind mit großer Sicherheit am Schadbild erkennbar. Allerdings kann auch ein latenter (symptomloser) Befall möglich sein, der sich erst später im Lager oder bei Pflanzkartoffeln im nachfolgenden Aufwuchs durch typische Schadbilder im Feld äußert.

Pilzliche Schaderreger

Kartoffelkrebs

An der Knolle verursacht Kartoffelkrebs (*Synchytrium endobioticum*), von den Augen ausgehend, stecknadelkopf- bis faustgroße blumenkohl- oder morchelartige Wucherungen. Sie sind anfangs gelblich-weiß und färben sich unter Lichteinwirkung blassgrün, später dunkelbraun. Zur Ernte sind sie meist mehr oder weniger zersetzt.

Mit der Züchtung krebsresistenter Sorten konnte diese Krankheit, die auf verseuchten Schlägen zu totalen Ernteverlusten führte, weitgehend eliminiert werden. Durch die Bildung aggressiver Rassen ist ein Auftreten der Krankheit jedoch jederzeit möglich. Missgestaltete Knollen, die Wucherungen zeigen, sind daher grundsätzlich als befallsverdächtig anzusehen und zu untersuchen. Kartoffelkrebs ist eine Quarantänekrankheit.

Rhizoctonia-Krankheit

Die Rhizoctonia- oder Wurzeltöterkrankheit, hervorgerufen durch den Pilz *Rhizoctonia solani*, verursacht an den Knollen Deformationen und Missbildungen. Vor allem bei Speisekartoffeln wirkt außerdem ein starker äußerlicher Pockenbesatz qualitätsmindernd. Er wird durch die schwarzen Sklerotien, einer Dauer-

Tab. 4-1: Übersicht zur Symptomatik von nicht nichtparasitären Schädigungen an Kartoffelpflanzen

Schädigung	Ursache	Schadbild
Herbizidschäden	• Einsatz ungeeigneter Mittel • Überdosierung • falscher Einsatzzeitpunkt	• Verwachsungen und Verformungen • Wuchsdepressionen • Absterben
Hagelschäden	Hagelschlag	stark beschädigte Blätter und Triebe
Frostschäden	Spätfröste mit Temperaturen unter -2 °C, speziell in Frühkartoffeln	• Verwelken und Schwarzfärbung der jungen Pflanze • nach schwacher Schädigung Neuaustrieb

form des Pilzes, gebildet und ist auch bei Pflanzgut unerwünscht. Die Sklerotienbildung wird gefördert, wenn bereits schalenfeste, ausgereifte Knollen länger im Boden verbleiben.

Kraut- und Knollenfäule

Die Kraut- und Knollenfäule (*Phytophthora infestans*), beim Knollenbefall auch als Braunfäule bezeichnet, tritt häufig und verbreitet auf. Sie ist an den Knollen an leicht eingesunkenen, bleigrauen Flecken gut zu erkennen. Beim Schneiden der Knolle ist im Inneren eine unregelmäßige, fleckige Braunfärbung festzustellen, die vom gesunden Knollenfleisch nicht scharf abgegrenzt ist (Abb. 4-1). Erste Symptome können eventuell mit der Eisenfleckigkeit verwechselt werden.

Die Knollenoberfläche wird nach einiger Zeit blasig. Im fortgeschrittenen Befallsstadium trocknet die Knolle aus. Die Infektion kann aber auch in eine sekundäre Fusarium-Trockenfäule oder Bakterielle Nassfäule übergehen.

Braunfäule ist auch der Wegbereiter für einen Sekundärbefall durch andere Pilz- und Bakterienkrankheiten der Kartoffelknolle. Der Pilz kann unter für ihn günstigen Lagerungsbedingungen im Lager Sporen bilden und gesunde Knollen infizieren.

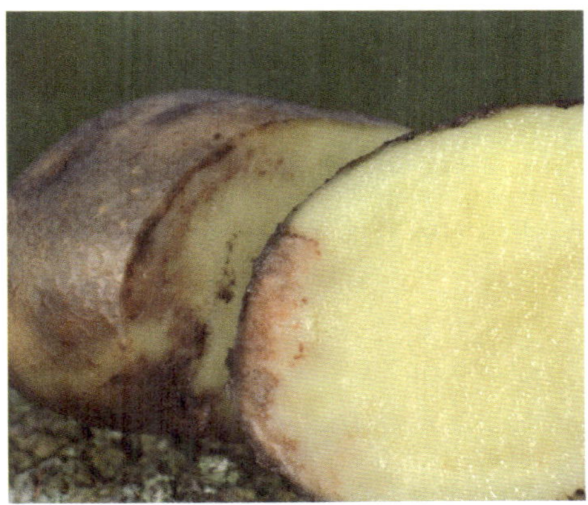

Abb. 4-1: Mit *Phytophthora infestans* infizierte Knollen

Hartfäule

Die Hartfäule (*Alternaria solani*) kann in manchen Jahren und an manchen Orten etwas stärker auftreten. Sie tritt erst im Lauf der Lagerung auf, obwohl sie als Dürrfleckenkrankheit das Laub schon im Feld infiziert. Die Befallsstellen auf der Knollenoberfläche sind in unterschiedlicher Ausdehnung dunkel verfärbt und eingesunken (Abb. 4-2). Sie sind scharf abgesetzt, wodurch eine deutliche Unterscheidung von der Braunfäule möglich ist. Das Gewebe ist bräunlich bis braunschwarz verfärbt und mehr oder minder vermorscht.

Abb. 4-2: Hartfäule (*Alternaria solani*)

Trocken- oder Weißfäule

Auch die Trocken- oder Weißfäule tritt in manchen Jahren und an manchen Orten etwas stärker auf. Sie wird verursacht durch Fusarium-Arten (*Fusarium coeruleum, F. sulphureum*), aber es handelt sich um eine ausgesprochene Lagerkrankheit, deren Infektion zwar bereits im Feldbestand erfolgt, die aber erst nach einer gewissen Lagerzeit als Knollenfäule in Erscheinung tritt.

Die Befallsstellen weiß- oder trockenfauler Knollen erscheinen anfangs dunkler als die sie umgebende, gesunde Knollenoberfläche und fallen ein. Sie weisen einen riffeligen Rand auf, der bei optimalen Lagerbedingungen fehlt. Das kann zur Verwechslung mit Druckstellen oder anderen Fäulen führen.

Mit fortschreitender Fäule zeigen sich auf der befallenen Schale charakteristische konzentrische Faltungen (»Runzeln«). Bei höheren Temperaturen werden auf den Befallsstellen sogenannte Froschaugen ausgebildet. Das sind helle, rosa- oder gelblich-weiße, blau-graue oder grau-grüne Myzelpolster des Trockenfäuleerregers (Abb. 4-3).

Abb. 4-3: Myzelpolster der Trockenfäule (*Fusarium* spp.)

Mit fortschreitender Trockenfäule breitet sich dieses Myzelpolster tief im Inneren der Knolle aus. Durch Wasserentzug sinken die Befallsstellen ein und es entstehen Hohlräume, die oft mit Myzel gefüllt sind. Die Knolle trocknet aus, zerfällt zu pulvrig trockenem Gewebe oder mumifiziert.

Wässrige Wundfäule

Die Wässrige Wundfäule der Kartoffel wird durch den Pilz *Pythium ultimum* verursacht. Im Gegensatz zur Bakteriellen Nassfäule, mit der diese Krankheit verwechselt werden kann, ist bei der pilzlichen Nassfäule das kranke vom gesunden Gewebe durch eine schmale, dunkel verfärbte Zone getrennt. Außerdem zeigt sich gelegentlich beim Schneiden der Knollen eine Graufärbung, die einem Frostschaden ähnelt.

Bei dieser Krankheit ist auch ein schwacher Geruch nach Heringslake zu bemerken. Durch die Gewebezersetzung und den unangenehmen Geruch sind befallene Partien für den menschlichen Genuss ungeeignet.

Phoma-Trockenfäule

Die Phoma-Trockenfäule (*Phoma exigua* var. *foveata*) tritt gleichfalls meist erst nach mehrmonatiger Lagerung auf. Sie ist durch schüsselartige, unregelmäßige Vertiefungen (Schüsselfäule) von 0,5 bis 3 cm Durchmesser gekennzeichnet. Im

Knolleninneren finden sich dunkelbraune, nekrotische Kavernen, die häufig von grau-braunem bis schwärzlichem Myzel durchzogen sind. Die schwarzen, stecknadelkopfgroßen Fruchtkörper (Pyknidien) des Pilzes gelten als sicheres Erkennungszeichen dieser Krankheit.

Schorf

Nur lokal (in Gebirgs- und Küstenlagen) tritt Pulverschorf (*Spongospora subterranea*) auf. Er äußert sich durch 2 bis 10 mm große kraterförmige Befallsstellen, die von der sternförmig aufgerissenen Knollenschale umgeben sind. Das in den Befallsstellen enthaltene schwarze Sporenpulver (Dauersporen) ist zur Ernte meist schon ausgefallen.

Zunehmende Qualitätsprobleme bereitet der Silberschorf (*Helminthosporium solani*). Er fällt insbesondere bei gewaschenen Kartoffeln auf. Der Erreger dringt in die Korkschale ein und löst die Korkschicht, sodass unregelmäßige, silber-graue, oberflächige Schalenveränderungen entstehen (Abb. 4-4). Bei stärkerem Befall schrumpfen die Knollen infolge von Wasserverlust und es kommt zur Minderung der Vitalität und der Triebkraft des Pflanzguts. Die Ausbreitung der Krankheit erfolgt über das Pflanzgut. Im Boden ist der Erreger bis zu neun Monate lebensfähig.

Abb. 4-4: Silberschorf (*Helminthosporium solani*)

Colletotrichum-Welkekrankheit

Die *Colletotrichum*-Welkekrankheit tritt in fast allen Kartoffelanbaugebieten auf. Typisch sind grau-braune, dicht aneinandergrenzende Flecken, ähnlich dem Silberschorf, aber etwas dunkler. Auf den Flecken befinden sich die punktförmigen schwarzen Sporangien. Wenn befallene Knollen bei 2 bis 4 °C gelagert werden, bilden sich an der Oberfläche schwärzliche Einsenkungen.

Bei anfälligen Sorten und ungünstiger Lagerung kann es zu starken, sich rasch ausbreitenden Austrocknungserscheinungen kommen. Die Knollen von erkrankten Pflanzen sind größtenteils gummiartig weich, schrumpfen und faulen. Befallene Partien sind sowohl als Pflanzgut als auch für Speise- und Konsumzwecke ungeeignet.

Mischinfektionen

Häufig sind Mischinfektionen von Trocken- und Nassfäulen möglich, die eine genaue Zuordnung erschweren oder ausschließen. So kann es bei primär braunfäuleinfizierten Knollen insbesondere durch Verletzungen bei der Ernte oder im Lager zu sekundärem Befall mit Fusarium spp. oder Phoma spp. kommen. Durch Sekundärbefall mit bakteriellen Fäuleerregern im Lager können primär mit Trockenfäuleerregern infizierte Partien in Nassfäule übergehen. Dabei spielen die Bedingungen bei der Einlagerung und im Verlauf des Winterlagers (Luftfeuchte, Temperatur, Hygiene) eine erhebliche Rolle.

Bakterielle Schaderreger

Bakterielle Ringfäule

Die Bakterielle Ringfäule (*Clavibacter michiganensis* ssp. *sepedonicus*) ruft an der Knolle eine vom Nabel ausgehende glasig-gelbe, später oft deutlich braune Verfärbung des Gefäßbündelrings hervor. Im Verlauf der Erkrankung breitet sich die verfärbte Zone weiter aus, bis sich letztlich das gesamte Gewebe durch seitlichen Druck auf die durchschnittene Knollenhälfte aus der Gefäßbündelzone herauspressen lässt.

Zu Beginn der Fäule sind äußerlich keine Symptome an der Knolle festzustellen. Trotzdem kann der Erreger latent vorhanden sein. Deshalb unterliegt diese Fäule als Quarantänekrankheit besonders strengen Bestimmungen für den Kartoffelhandel.

Schleimkrankheit

Die Schleimkrankheit (*Ralstonia solanacearum*) ist bei halbierten Knollen an den braun verfärbten Gefäßbündelringen zu erkennen, die unter seitlichem Druck ein schleimiges oder fadenziehendes Exsudat abgeben. Bei starkem Befall können sogar gelegentlich Schleimabsonderungen an den Augen und den Nabelenden beobachtet werden, die häufig mit anhaftenden Bodenteilchen verschmutzt sind.

Eine visuelle Unterscheidung von der Bakteriellen Ringfäule anhand der Symptome ist jedoch schwierig, da auch mit schwachem, latentem Befall gerechnet werden muss. Der Erreger lässt sich nur labordiagnostisch sicher bestimmen. Auch für diese Krankheit gelten die besonderen Anforderungen einer Quarantänekrankheit.

Bakterielle Nassfäule

Die durch *Pectobacterium*- und *Dikeya*-Arten verursachte Bakterielle Nassfäule ist unter unseren Bedingungen die Nassfäule. Zur Diagnose müssen die Knollen durchgeschnitten werden. Typisch für diese Krankheit ist, dass sich das Knollenfleisch in eine breiige, weichfaule Masse verwandelt (Abb. 4-5). Die Knolle wird oft nur durch die pergamentartige Schale zusammengehalten, die bereits bei leichtem Druck aufplatzt.

An der Luft verfärbt sich der Faulbrei rötlich bis schwarz-braun und riecht muffig. Durch Sekundärbefall mit nicht pathogenen Bakterien kann ein unangenehmer Geruch (Buttersäure) auftreten.

Kartoffelschorf

Kartoffelschorf ruft in Abhängigkeit von der Sorte und vom Infektionszeitpunkt unterschiedliche Erscheinungsbilder hervor. Das Bodenbakterium *Streptomyces scabies* verursacht auf der Knollenoberfläche unregelmäßig verteilte, korkartige Flecken oder bräunliche Pusteln, die mehr oder minder rissige Vertiefungen aufweisen.

Sind nur die oberen Gewebeschichten abgestorben, bezeichnet man ihn als Flachschorf; dazu gehört auch der Netzschorf (Abb. 4-6). Tiefere Eindellungen werden als Tiefenschorf und emporgewölbte Schorfstellen als Buckelschorf bezeichnet.

Abb. 4-5: Bakterielle Nassfäule, ausgelöst durch *Pectobacterium carotovorum*

Abb. 4-6: Kartoffelschorf – gewöhnlicher Flachschorf (*Streptomyces scabies*)

Tierische Schaderreger

Columbia-Wurzelgallenälchen

Das Columbia-Wurzelgallenälchen (*Meloidogyne chitwoodi*), das in den USA erhebliche Qualitätsverluste an Kartoffelknollen verursacht, trat in den letzten Jahren auch in einzelnen EU-Mitgliedsstaaten auf. Wegen der hohen Anpassungsfähigkeit und dem großen Wirtspflanzenkreis, der eine Bekämpfung sehr erschwert, ist es nun als Quarantäneschadorganismus gelistet.

Durch das Eindringen der jungen Wurzelgallenälchen über die Lentizellen in die Knollen bilden sich warzenartige Schwellungen und unter der Schale im Knollengewebe bräunliche Läsionen. Derartig befallene Knollen sind nicht mehr vermarktungsfähig.

Kartoffelkrätzeälchen

Zu den Quarantäneschaderregern zählt auch das Kartoffelkrätzeälchen (*Ditylenchus destructor*). Die frei lebende Wurzelnematode bevorzugt Kartoffeln als Hauptwirtspflanze. Der schorfähnliche, Pusteln bildende Befall tritt häufig nur an einzelnen Knollen auf und kann daher leicht übersehen werden.

Knollenbefall ist schon sehr frühzeitig bei Ablösen der Schale festzustellen, da sich von den Nematoden verursachte grau-weiße körnige Flecken im sonst gesunden Knollengewebe zeigen. Später vergrößern sich diese Flecken, werden dunkler und weisen unter Umständen Hohlräume auf.

Weitere Nematodenarten

Ähnliche Knollensymptome werden durch das sogenannte Falsche Columbia-Wurzelgallenälchen (*Meloidogyne fallax*) hervorgerufen, das ebenfalls in EU-Mitgliedsstaaten festgestellt wurde. Eine Unterscheidung beider Quarantänenematoden ist nur labordiagnostisch möglich.

Eine ähnliche Lebensweise und Symptomausbildung, wie das Kartoffelkrätzeälchen, weist das Stock- und Stängelälchen (*Ditylenchus dipsaci*) auf. Diese Art besitzt jedoch einen sehr großen Wirtspflanzenkreis und kann auch an anderen Kulturpflanzenarten Schäden verursachen. Befallene Knollen weisen grau-braune Vertiefungen und eine papierartige Schale auf.

Drahtwürmer und weitere Larven

Drahtwürmer, die gold-gelb glänzenden, bis zu 2,5 cm langen Larven der Schnellkäfer, wandern vor allem bei Trockenheit bevorzugt in Kartoffelknollen ein. Die etwa 3 mm starken Bohrgänge können Eintrittspforten für Krankheitserreger sein. Stark durch Drahtwurm geschädigte Partien sind nicht mehr als Speisekartoffeln verwendbar (Abb. 4-7 Mitte).

Sehr starke Schäden in einzelnen Jahren verursachen die Larven der Wintersaateule (*Agrotis segetum*), eine der wirtschaftlich wichtigsten Erdeulenarten Europas. Fraßschäden können darüber hinaus gelegentlich von Engerlingen, den Larven der Mai- und Junikäfer (*Melolontha* spp.), hervorgerufen werden. Die Larven der Kartoffelmotte (*Phthorimaea operculella*) werden vor allem bei Kartoffelimporten aus südlichen Ländern beobachtet. Die Schadbilder sind in Tabelle 4-2 zusammengefasst.

Viröse Schaderreger

Kartoffelviren zählen zu den wirtschaftlich bedeutendsten Krankheitserregern. Sie können erhebliche Ertragsverluste verursachen. Für die Anerkennung als

Abb. 4-7: Fraßschäden an Kartoffelknollen: Gartenlaubkäfer (links), Drahtwurm (Mitte), Kartoffelerdfloh (rechts)

Tab. 4-2: Übersicht zur Symptomatik verschiedener Larven, die Schäden an Kartoffelknollen verursachen (Quelle: verändert nach Wulfert, 2008)

Schaderreger	Schadbild bzw. Symptome an Knollen
Drahtwürmer (*Elateridae*)	etwa 3 mm starke Bohrgänge
Kartoffelmotte (*Phthorimaea operculella*)	Schäden durch Fraßgänge, die sich als schwarz-braune Verfärbung auf der Schale abzeichnen
Larven der Wintersaateule (*Agrotis segetum*)	Fraßschäden
Larven der Mai- und Junikäfer (*Melolontha* spp.)	qualitätsbeeinflussende Fraßspuren

Pflanzgut ist daher die Beschaffenheitsprüfung auf Viruskrankheiten Voraussetzung.

Während die stark ertragsbeeinflussenden Viren an der Knolle in der Regel keine Symptome verursachen, breitet sich in den letzten Jahren ein Stamm (Y-^{NTN}) des Tabakrippenbräune-Virus aus. Er verursacht in der Knollenoberfläche Ringnekrosen, die sich nicht tief ins Knollenfleisch fortsetzen.

Im Gegensatz dazu äußert sich die Pfropfenbildung, die durch das Tabak-Rattle-Virus verursacht wird, mit ringförmigen Nekrosen (Ringnekrosen) auf der Knollenoberfläche, die sich bogenförmig oder als Pfropfen tief ins Knolleninnere fortsetzen (Abb. 4-8). Ein weiteres mögliches Schadbild des Tabak-Rattle-Virus ist die Eisenfleckigkeit, rostbraune, unregelmäßig im Knollengewebe auftretende Nekrosen.

Die durch Nematoden übertragene Krankheit tritt vorrangig auf leichten, anmoorigen Standorten auf. Die Kartoffelsorten reagieren unterschiedlich stark mit Symptomen.

Die Spindelknollenkrankheit, verursacht durch das Spindelknollenviroid (PSTV d), tritt in der EU vereinzelt auf, ist jedoch vorwiegend aus wärmeren Gebieten (Amerika, Afrika und Osteuropa) bekannt. Erkrankte Knollen sind spindelförmig deformiert und rissig, wobei die Keimfähigkeit und Knollengröße vermindert sind. Auf diese Krankheit ist vor allem bei Einfuhren aus wärmeren Ländern zu achten. Sie gilt als Quarantänekrankheit.

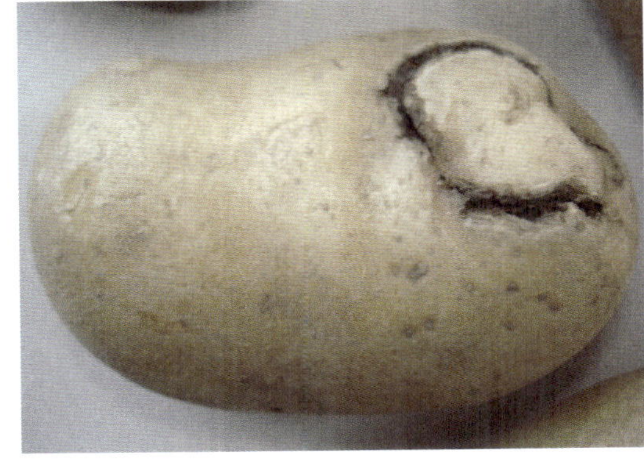

Abb. 4-8: Ringnekrosen durch Befall mit Tabak-Rattle-Virus (auch durch Y-^{NTN}-Virus ähnliches Symptombild)

Abb. 4-9: Schwarzfleckigkeit

Nichtparasitäre Knollenkrankheiten

Schwarzfleckigkeit

Die Schwarzfleckigkeit ist die wohl häufigste innere Knollenschädigung. Größere Knollenpartien sind teilweise von grau über blau bis schwarz verfärbt (Abb. 4-9). Schwarzfleckigkeit findet man verstärkt nach der Aufbereitung, insbesondere nach längerer Lagerung, wenn die Aufbereitung bei niedrigen Temperaturen erfolgte, die Knollen durch Wasserverlust zu welken beginnen und nach vorangegangener Nährstoffverlagerung zwischen den Zellen des Knollengewebes die Keimung eingesetzt hat.

Es besteht eine unterschiedliche Sortenempfindlichkeit. Bei größeren Lagerhöhen und damit hohem Lagerdruck können auch Lagerdruckstellen von 1 bis 2 cm Durchmesser entstehen und die betroffenen Knollen mit starker Schwarzfleckigkeit reagieren. Knollen mit höherem Trockensubstanzgehalt erweisen sich, je nach Sorteneigenschaften, als stärker gefährdet.

Verstärkt wird Schwarzfleckigkeit durch Kaliummangel, auch wegen der Beziehung zwischen der Kaliumversorgung und der Trockensubstanzbildung. Außerdem wird die Empfindlichkeit der Knollen gegenüber Beschädigungen bei der Ernte und Aufbereitung erhöht.

Im Herbst ausgelöste Verfärbungen treten vorwiegend im Rindenbereich auf. Sie verkorken im Verlauf von zwei bis drei Wochen und sind als vom gesunden Gewebe stark abgegrenzte, nekrotisierte Stellen sehr gut von nach erneutem Umschlag frisch aufgetretenen Verfärbungen zu unterscheiden. Schwarzfleckiges Gewebe ist dagegen nicht scharf vom intakten Gewebe abgegrenzt.

Sonstige nicht parasitäre Schäden

Sowohl zu tiefe als auch zu hohe Temperaturen können zu Knollenschäden führen. Schwarzherzigkeit kann u. a. durch Hitze- oder Kälteeinwirkung verursacht werden und ist von außen nicht erkennbar. Auch Wachstumsrisse treten witterungsbedingt auf (Tab. 4-3).

Hohlherzigkeit kommt besonders bei großen Knollen vor (Abb. 4-10 links). Eine gewisse Veranlagung bestimmter Sorten ist dabei wahrscheinlich. Übergrößen können auch durch Stickstoffüberdüngung verursacht werden, die neben Hohlherzigkeit auch Glasigkeit und eine geringere Haltbarkeit der Partien bewirken kann.

Die nichtviröse Eisenfleckigkeit, wie in Abbildung 4-10 rechts, kann physiologisch begründet werden und Anthozyanfärbungen sind wahrscheinlich genetisch

Tab. 4-3: Übersicht nichtparasitärer Schädigungen an Kartoffelknollen (Quelle: verändert nach Wulfert, 2008)

Schädigung	Ursache	Schadbild
Kälteschäden	kurze, starke Frosteinwirkung	gelblich- oder rötlich-braune Marmorierung des Knollenfleisches
	zu niedrige Temperaturen	• grau-schwarze Ring-, Netz- oder Schalennekrosen • Austritt von Knollensaft aus geschädigtem Gewebe, aber kein Zerfall der Knolle zu fauligem Brei
Hitzeschäden	Hitze	• äußere, braune bis brandige Verfärbung • Zerstörung und Ablösung der Schale • im Inneren nekrotische Schwarzfärbung möglich
Wachstumsrisse	erneutes Wachstum nach stärkeren Niederschlägen nach längerer Trockenperiode	auffällige Risse in der Knolle
Hohlherzigkeit	Absterben ganzer Zellgruppen bei extremen Witterungsbedingungen	Hohlräume im Zentrum, besonders bei großen Knollen
Schwarzherzigkeit	• Sauerstoffmangel • Stickstoffüberdüngung • Hitze- oder Kälteeinwirkung	• von außen nicht erkennbar • schwarz verfärbtes, noch festes Gewebe im Knollenzentrum, teilweise von Hohlräumen durchzogen
Nichtviröse Eisenfleckigkeit	physiologische Störungen	• rostbraune Flecken unterschiedlicher Größe im Knollenfleisch • Verstärkung während der Lagerung möglich • Befallsbild von dem des Tabak-Rattle-Virus nicht zu unterscheiden
Schwere Beschädigungen	unsachgemäße Ernte und Aufbereitung	Schnitt- und andere Verletzungen
Anthozyanfärbungen	wahrscheinlich genetisch und sortenbedingt	• starke Anthozyanbildung • Rotstreifigkeit

bedingt. Dagegen entstehen Schnitt- und sonstige Knollenverletzungen durch eine unsachgemäße Ernte und Aufbereitung.

Lagerfäulen

Die Verluste durch Lagerfäulen werden unter mitteleuropäischen Bedingungen in erster Linie durch die Erreger der Bakteriellen Nassfäule (*Pectobacterium carotovorum* spp. und *Dikeya* spp.), der Fusarium-Trockenfäule (*Fusarium sulphure-*

Abb. 4-10: Innere Knollenmängel: Hohlherzigkeit (links) und nichtviröse Eisenfleckigkeit (rechts)

um und *F. coeruleum*) und der Phoma-Trockenfäule (*Phoma exigua* var. *foveata* und *P. exigua* var. *exigua)* verursacht. Neben den direkten Verlusten durch akute Fäulen kann auch die Pflanzgutqualität durch die latente Anwesenheit von Krankheitserregern gemindert werden.

Bedingungen für den Befall mit Fäulen

Alle Pilze und Bakterien haben Optima bezüglich Temperatur und Luftfeuchte. In Tabelle 4-4 sind sie für die wichtigsten Fäulen und Silberschorf dargestellt.

Bakterielle Nassfäule

Die Bedeutung der durch die Erreger *Pectobacterium carotovorum* spp. und *Dikeya* spp. in der Kartoffelwirtschaft hervorgerufenen Schäden durch Nassfäulen ist sehr groß. Das Ausmaß reicht in einem weiten Spektrum von latentem Befall der Knollen ohne Symptomausprägung und Fehlstellen im Feldbestand infolge

Tab. 4-4: Optimale Infektionsbedingungen und Inkubationszeit von Lagerfäulen und Silberschorf

Lagerfäule und Erreger	Optimale Bedingungen zur Infektion durch den Erreger		Inkubationszeit
	Temperatur (°C)	rel. Luftfeuchte (%)	
Nassfäulen (*Pectobacterium carotovorum* spp. und *Dikeya* spp.)	23–27	98–100	wenige Tage
Trockenfäule (*Fusarium* spp.)	15–25	70–100	
Phoma-Fäule (*Phoma exigua*)	5–8	80	2–7 Wochen
Silberschorf (*Helminthosporium solani*)	20–24	98–100	

Pflanzknollenausfall über Kümmerwuchs und Knollenfäulen bis hin zum Totalverlust großer Partien im Lager.

Im Feldbestand treten die Krankheitsbilder an den Kartoffelpflanzen, je nach auslösendem Bakterium, in Form von Schwarzbeinigkeit und bakterieller Welke sowie Stängel- und Knollennassfäule auf. Da Bakterielle Nassfäule an den Knollen im Lager häufig in Kombination mit anderen Fäulen, wie z. B. Fusarium- oder Phoma-Trockenfäule, auftritt, lässt sich der durch sie allein hervorgerufene wirtschaftliche Schaden schwer abgrenzen.

Wie bei den anderen genannten Fäuleerregern, setzt die Infektion eine Beschädigung der Knolle voraus. Der Infektionsverlauf erfolgt jedoch wesentlich schneller als bei den Trockenfäulen und ist an andere äußere Bedingungen gebunden.

Insbesondere durch einen beschädigungsarmen Umgang mit den Knollen und ein geeignetes Lagerklima, besonders in den ersten Tagen nach der Ernte, kann dem Auftreten entgegengewirkt werden. Daneben haben die Pflanzgutqualität, die klimatischen Bedingungen während der Vegetationszeit und die Bewirtschaftung der Partien im Lagerhaus großen Einfluss auf den Krankheitsbefall.

Hauptsächlich ist festzustellen, dass die Erreger praktisch überall im Boden anzutreffen sind. Das betrifft auch ihre Anwesenheit auf Kartoffelknollen. Sie werden insbesondere durch Wasser, aber auch durch Wind verbreitet und können im Boden mehrere Monate überdauern. Hauptquelle der Verbreitung sind jedoch nassfaule Mutterknollen, faulende Kartoffelstängel sowie nassfaule Tochterknollen und daraus austretender Faulsaft.

Die Anwesenheit der Bakterien stellt nur dann eine Gefährdung dar, wenn das Erregerpotenzial eine bestimmte Dichte überschreitet und günstige Bedingungen für ihre weitere Vermehrung bestehen. Als Orientierungswert für eine kritische Erregerdichte gelten z. B. 10^4 Keime je Quadratzentimeter Schalenoberfläche.

Die äußerlich an der Schale anhaftenden Erreger sind allein nicht in der Lage, die verkorkten äußeren Zellschichten zu durchdringen und das darunterliegende Parenchymgewebe anzugreifen. Völlig anders sind die Bedingungen, wenn durch mechanische Beschädigungen die Schutzfunktion der Schale nicht mehr wirksam ist und die Erreger direkt in das Knolleninnere eindringen können. Das gilt besonders dann, wenn die Knollen in Bewegung, von benachbarten Knollen oder mit infektiösem Faulbrei kontaminiert werden und die kritische Erregerdichte überschritten wird.

Die Fäule erregenden Bakterien sind fakultativ anaerob. Sie können sich also auch bei Sauerstoffmangel vermehren. Die Abwehrmechanismen der Kartoffel benötigen dagegen direkten Luftzutritt, um voll wirksam zu werden. Sind die Eintrittspforten für die Erreger (Wunden, offene Lentizellen) mit einem dünnen Wasserfilm überzogen, wird die Wundheilung wegen Sauerstoffmangels weitgehend blockiert. Durch das erregereigene Enzym Pektatlyase erfolgt eine Auflösung der Zellwände und ermöglicht so die schnelle Ausbreitung des Erregers.

Äußerlich an der Schale anhaftende Erreger lassen sich durch Abtrocknen innerhalb von nur wenigen Stunden sicher abtöten. Für das Überdauern von Erregern spielen vor allem die Atemöffnungen (Lentizellen) und interzellulare Räume der Knollen eine große Rolle. Bei anhaltender Nässe und Luftabschluss kommt es zu Wucherungen der Lentizellen und Gewebespannungen, die zu inneren Verletzungen führen können.

Bei ausreichend hoher Erregerdichte sind die dort lokalisierten Erreger dann Ausgangspunkt für die Infektion einer zunächst äußerlich völlig gesunden Knolle. Das Auftreten von Nassfäulesymptomen setzt somit immer einen bestimmten Infektionsdruck und Knollenbeschädigungen bzw. ungeschützte Knollenöffnungen voraus.

Eine erkrankte Knolle kann im Verlauf der Ernte und Aufbereitung viele andere Knollen mit Faulbrei kontaminieren. Zum Ausbruch einer Infektion kommt es, wenn viele dafür begünstigende Zustände zusammentreffen. Dazu zählen: hoher Infektionsdruck, frische Knollenbeschädigungen, nasse Knollenoberfläche, hohe Luftfeuchte, Sauerstoffmangel, hoher CO_2-Gehalt der die Knollen umgebenden Luft und Lufttemperaturen über 15 °C.

Wässrige Wundfäule

Die Wässrige Wundfäule der Kartoffel wird durch den Pilz *Pythium ultimum* verursacht. Sie kann mit der Bakteriellen Nassfäule verwechselt werden. Bei der pilzlichen Nassfäule ist das kranke vom gesunden Gewebe durch eine schmale, dunkel verfärbte Zone getrennt. Außerdem zeigt sich gelegentlich beim Schneiden der Knollen eine Graufärbung, die einem Frostschaden ähnelt. Bei dieser Krankheit ist auch ein schwacher Geruch nach Heringslake zu bemerken.

Trocken- und Weißfäule

Bei der Trocken- oder Weißfäule, verursacht durch Fusarium-Arten, handelt es sich um eine ausgesprochene Lagerkrankheit, deren Infektion zwar bereits im Feldbestand erfolgt, die aber erst nach einer gewissen Lagerungszeit als Knollenfäule in Erscheinung tritt. Die Erreger sind als typische Wundparasiten auf Verletzungen der Knollenschale oder auf Primärinfektionen anderer Krankheitserreger (z. B. *Phytophthora infestans*) angewiesen. Sie können im Boden über viele Jahre durch Ausbildung von Dauerformen (Chlamydosporen) überleben und sind in der Hafterde auf der Knollenoberfläche nachzuweisen.

Bei frischen Verletzungen werden bereits bei Temperaturen von 2 bis 4 °C höhere Infektionsraten erzielt als bei Temperaturen von 10 bis 15 °C. Eine hohe relative Luftfeuchte begünstigt den Infektionserfolg, ist aber im Gegensatz zu einer Infektion mit bakteriellen Nassfäuleerregern keine Voraussetzung. Die Ausbreitung der Fäulesymptome wird bei niedrigeren Temperaturen stark verzögert. Bei gleichzeitiger Anwesenheit von *Fusarium sulphureum* und bakteriellen Nassfäuleerregern in ein und demselben Infektionsherd (Mischinfektion) wird die Erkrankungshäufigkeit und die Ausbreitung der Erreger im Knollengewebe stimuliert.

Phoma-Trockenfäule

Die Erreger der Phoma-Trockenfäule *(Phoma exigua* var. *foveata)* sind, wie die Fusarium-Pilze in erster Linie Wundparasiten. Die Mehrzahl der erst nach längerer Lagerung sichtbaren Fäulesymptome ist die Folge von Infektionen während der Ernte und Einlagerung. Frische Verletzungen, hohe Luftfeuchte und niedrige Temperaturen (2 bis 10 °C) begünstigen das Auftreten. Bei hoher Bodenfeuchte sind auch Infektionen über Lentizellen möglich.

Neben der Knollenfäule verursachen Phoma-Pilze auch eine Stängelfäule. Infiziertes oder kontaminiertes Pflanzgut verstärkt die Gefahr des Stängel- und Tochterknollenbefalls. *Phoma* spp. können durch Ausbildung von Chlamydosporen viele Jahre im Boden überdauern.

Maßnahmen zur Verminderung des Befalls mit Lagerfäulen

Die Maßnahmen zur Minderung von Lagerfäulen beginnen mit der Pflanzgutvorbereitung. Die Pflanzkartoffel ist der wichtigste Überträger von Krankheitserregern auf die nächste Pflanzen- und Knollengeneration. Grundsätzlich ist nur gesundes Pflanzgut zu verwenden. Faule Knollen müssen möglichst zu Beginn der Aufbereitungsstrecke aus der Pflanzgutpartie entfernt werden, um den Kontakt von kranken und gesunden Knollen auf ein Minimum zu reduzieren.

Erwärmen der Knollentemperatur auf über 10 °C verringert die Beschädigungsempfindlichkeit der Knollen. Aufgrund der erhöhten Fusarium-Anfälligkeit des Knollengewebes, der verzögerten Wundperidermbildung und der erhöhten Erregerbelastung (bei Vorhandensein von faulen Knollen) stellen Verletzungen im Frühjahr ein größeres Infektionsrisiko dar als im Herbst bei der Einlagerung.

Durch die ständige Präsenz von Fusarium-Trockenfäule- und Bakterielle Nassfäule-Erregern dominieren Mischinfektionen, die das Auftreten von fäulnisbedingten Fehlstellen, Kümmerpflanzen, schwarzbeinigen Pflanzen und von latent mit *Erwinia* spp. verseuchten Pflanzen und Tochterknollen verstärken. Nach der Aufbereitung von Partien mit akut erkrankten Knollen ist eine Reinigung der kontaminierten Maschinenteile zu empfehlen.

Eine sorgfältige Phytophthora-Bekämpfung reduziert den Anteil braunfauler Knollen im Lager und verschlechtert die Entwicklungsbedingungen für weitere Lagerfäulen. Durch rechtzeitige Krautbeseitigung wird nicht nur die gleichmäßige Abreife der Knollen gefördert, sondern auch der Kontakt des Ernteguts mit nicht abgestorbenen Krautresten unterbunden, die mit Fäuleerregern belastet sein können.

Mit der sofortigen Abtrocknung der Knollen nach der Ernte kann die Infektionskette der Nassfäuleerreger unterbrochen werden. Die Rodung bei nicht siebfähigem Boden erhöht den Erdanteil auf der Knollenoberfläche und im Lager und erschwert die schnelle Abtrocknung. Eine Zwischenlagerung des Ernteguts ohne Belüftungsmöglichkeit ist zu vermeiden. Übermäßige Belüftung

Tab. 4-5: Maßnahmen zur Einschränkung von Lagerfäulen und Silberschorf

Lagerfäule und Erreger	Infektionsquellen	Einzuleitende Maßnahmen
Nassfäulen (*Pectobacterium carotovorum* spp. und *Dikeya* spp.)	• latent befallene Pflanzknollen • Bodenwasser • kontaminierter Boden und Maschinen • Knollenkontakt	• faule Knollen bei der Ernte und zu Beginn der Einlagerung auslesen • Relativbewegungen und Beschädigungen minimieren • Knollen trocken einlagern bzw. zügig abtrocknen • feuchte Luft aus dem Lager abführen
Trockenfäule (*Fusarium* spp.)	• Wundparasit • bodenbürtige Dauerformen des Erregers	• Lagerräume reinigen und desinfizieren • Knollenbeschädigungen vermeiden • Wundheilung sichern • zu starke Belüftung vermeiden
Phoma-Fäule (*Phoma exigua*)	• Wundparasit • bodenbürtige Dauerformen des Erregers	• Knollenbeschädigungen vermeiden • Wundheilung sichern
Silberschorf (*Helminthosporium solani*)	• infiziertes Pflanzgut • Bodenwasser • im Boden bis zu neun Monate lebensfähig	• Knollen trocken einlagern bzw. zügig abtrocknen • feuchte Luft aus dem Lager abführen

fördert jedoch die physiologische Alterung der Knollen und erhöht die Fusarium-Trockenfäule-Anfälligkeit.

Infektionen mit bakteriellen und pilzlichen Fäuleerregern können bei optimalem Verlauf der Wundperidermbildung deutlich eingeschränkt werden. Voraussetzung dafür sind Knollentemperaturen von 12 bis 15 °C über einen Zeitraum von mindestens 14 Tagen, verbunden mit einer Belüftung für die Sauerstoffzufuhr und die CO_2-Beseitigung. Nach einer Abkühlperiode von etwa vier Wochen ist die Temperatur in der Dauerlagerungsperiode auf 3 bis 5 °C einzustellen. Das Auftreten von Kondenswasser (Schwitzschichten) ist bei der Temperierung der Lagerräume auszuschließen.

Eine Beizung der Pflanzkartoffeln während der Einlagerung (bis vier Stunden nach der Ernte) kann zusätzlich Infektionen mit *Fusarium* spp. und *Phoma* spp. verhindern. Voraussetzung für die Beizwirkung ist die Sensitivität der Erregerpopulation gegenüber dem eingesetzten Fungizid bzw. der Fungizidkombination. Eine Aufstellung der wichtigsten Maßnahmen zur Verminderung von Fäulen und Silberschorf im Lager erfolgt in Tabelle 4-5.

5 Einflussgrößen und Maßnahmen

Das Ziel der Lagerung von Kartoffeln besteht immer in der weitgehenden Erhaltung von Masse und Qualität der eingelagerten Ware bis zum Zeitpunkt der Vermarktung bzw. des Verbrauchs.

Die von Jahr zu Jahr schwankenden Witterungsbedingungen haben nicht nur Einfluss auf Wachstum und Entwicklung der wachsenden Kartoffelbestände und damit auf die Höhe und Qualität der neuen Ernte, sondern auch auf das Verhalten der Kartoffeln im Lager. Es ist daher unerlässlich, rechtzeitig über die Form und den Zeitpunkt der späteren Verwendung des Ernteguts zu entscheiden bzw. die Verfahrensgestaltung zur Erntenachbehandlung und der nachfolgenden Lagerung an den jeweiligen Zustand der Kartoffeln anzupassen.

Da in der Mehrheit der Fälle die Verwendung des Ernteguts durch Vertragsanbau weitgehend klar ist, sind im Falle einer konkreten Partie die Entscheidungen über Form und Dauer der Lagerung flexibel zu treffen. Das setzt unter Berücksichtigung der betrieblichen Zwänge hinsichtlich Bauhülle und Ausrüstung der Lagereinrichtung vor allem beachtliche Kenntnisse und Erfahrungen zum richtigen Umgang mit dem biologischen Objekt Kartoffel voraus.

In Abhängigkeit vom jeweiligen Verwendungszweck und dem Stand des Wissens um die Anforderungen der Kartoffel an eine sichere Überbrückung der Zeitspanne zwischen Ernte und Zeitpunkt des Verbrauchs zum Verzehr oder der erneuten Auspflanzung, hat sich bis zum heutigen Tag eine Fülle von Varianten ergeben.

Eine Sortierung unmittelbar nach der Ernte ist immer mit der Gefahr von Infektionen mit Fäuleerregern verbunden, besonders dann, wenn keine sofortige Abtrocknung der erdfeuchten Kartoffeln erfolgt. Untersuchungen zeigen, dass bei sofortiger Sortierung nach der Ernte die Beschädigungen und der Fäulnisbesatz am höchsten sind und mit Zunahme des Zeitraums zwischen Ernte und Sortierung abnehmen.

Als Voraussetzung für weitgehende Erhaltung der Knollenqualität gilt daher, dass das Erntegut auf kürzestem Weg und mit geringsten Manipulationen unter kontrollierte Lagerungsbedingungen gelangt. Auf jeden Fall ist eine provisorische Zwischenlagerung ohne ausreichende Belüftungsmöglichkeiten zu vermeiden.

Die Beimengungs- und Untergrößentrennung vor der Einlagerung erfolgt oft nur in bestimmtem Umfang, während die vollständige Aufbereitung kontinuierlich zum Zeitpunkt der Auslagerung vorgenommen wird.

Minderungen der Qualität während der Lagerung ergeben sich aus einer Reihe von Einflussgrößen, die sich einerseits aus der Höhe der Verluste während der Lagerung und andererseits aus einer Minderung des Gebrauchswerts durch Veränderungen der ursprünglichen Qualität ergeben (Tab. 5-1).

Die Wirkungen ausgewählter Einflussgrößen auf die **Knolleninhaltsstoffe** sind vor allem für Kartoffeln von Bedeutung, die zur Veredelung vorgesehen sind. Dabei geht es um solche Merkmale, wie Trockenmasse bzw. Stärkegehalt, Gehalt an reduzierendem Zucker und wegen der Schäleignung der Zellturgor (Tab. 5-2).

Tab. 5-1: Wirkungen von Maßnahmen der Verfahrensgestaltung während der Lagerung auf die Erhaltung der Qualität von Kartoffeln

Merkmal	Wirkungen auf
Schonende Annahme und Einlagerung	Verminderung von Knollenbeschädigungen, Verminderung der Verbreitung von Fäuleerregern, Verminderung der Ausprägung von Schwarzfleckigkeit
Zügiges Abtrocknen	Vermeiden der Ausbreitung von Nassfäuleerregern
Optimale Wundheilung	Vermeiden der Ausbreitung von Lagerungsfäulen, Verminderung überhöhter Verdunstung
Abkühlung auf Temperatur für Dauerlagerung je nach Verwendungszweck	Vermeiden überhöhter Verdunstung, Erhalten des Knollenturgors, Vermeiden unerwünschter Keimung und verstärkter physiologischer Alterung
Aufwärmen vor der Auslagerung	Vermeiden von Knollenbeschädigungen und der Ausbildung von Schwarzfleckigkeit, Vermeiden zu hohen Gehalts an reduzierenden Zuckern
Schonende Auslagerung, Aufbereitung und Vermarktung	Vermeiden von Knollenbeschädigungen und der Ausbildung von Schwarzfleckigkeit

Tab. 5-2: Einfluss verschiedener Maßnahmen während der Lagerung auf die Veränderung von ausgewählten Qualitätsmerkmalen bei Kartoffeln (Quelle: Zusammenstellung nach Angaben verschiedener Autoren)

Maßnahme	Qualitätsmerkmale der Knollen									
	Stärkegehalt	Gehalt reduz. Zucker	Gehalt Mineralstoffe	Proteingehalt	Gehalt Vitamin C	Nitratgehalt	Gehalt Glyko-Alkal.	Turgorverlust	Masseverlust	Keimung
Dauer der Lagerung	–	+	0	0	–	0		+	+	+
Zu hohe Temperaturen	–	+/–	0	0	–0	0		+	+	+
Zu niedrige Temperaturen	–	+	0	0	–					–
Zu starker Luftwechsel	0	0	0	0	0	0	0	+	+	0
Zu geringer Luftwechsel								–	–	
Vorzeitige Keimung	–	+	–[1)]	–[1)]	–[1)]			+	+	+
Schälen	0	0	–	0	–	–	–	0	0	0
Kochen	+[2)]	0	–	–	–	–	–	0	0	0
Frittieren	0	–	0	–	–	–	–			

+ = zunehmend; – = abnehmend; 0 = kein Einfluss bzw. keine gesichert eindeutigen Ergebnisse

1) Stoffverlagerung in die Keime

2) Erhöhung der Verdaulichkeit

Aktivität von Schaderregern

Versuchsstation Dethlingen

Mit der langsamen Absenkung der Temperatur im Lager verringert sich die Atmungsaktivität der Knollen und erreicht bei etwa 4–5 °C ihr Minimum. Gleichzeitig werden die meisten pilzlichen und bakteriellen Schaderreger in ihren Lebensprozessen weitgehend inaktiv und vermehren sich nicht mehr, sie sind aber nicht tot. Hierin liegt die große Gefahr, denn bei einer etwaigen Wiedererwärmung mit Kondensation an den Knollen durch fehlende Belüftungsmöglichkeiten können sie ohne Vorankündigung erneut ein gefährliches Niveau erreichen. Ein ausreichendes Erregerpotenzial ist dafür in vielen Lagern vorhanden.

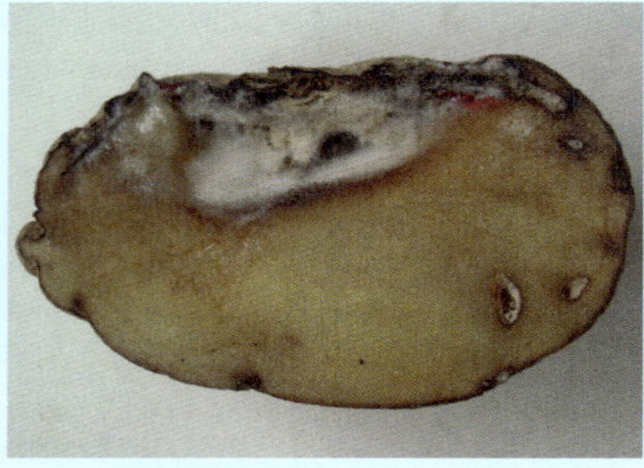

Abb. 5-1: Eine durch Fusarium-Befall stark geschädigte Kartoffelknolle

Die **Qualitätsminderungen**, die sich während der Lagerung einstellen können, wirken insbesondere auf solche technologischen Merkmale wie, z. B.:

- Erhöhter Verleseaufwand bei qualitätsgeminderten Partien,
- Minderung der Schäleignung durch Turgorverlust,
- Verlust an verwertbarer Knollensubstanz durch innere Verfärbungen, insbesondere Schwarzfleckigkeit,
- Verschlechterung der Eignung für die Veredelung durch Anstieg des Gehalts an reduzierenden Zuckern,
- Minderung der Pflanzgutqualität durch Keimung und erhöhtes physiologisches Alter.

6 Lagerungsbedingungen

Bei der Kartoffellagerung wird zwischen fünf verschiedenen Phasen unterschieden. Diese Phasen sind: Abtrocknung, Wundheilung, Abkühlung, Hauptlagerung und Vorbereitung zur Auslagerung.

Für jede dieser Phasen gelten vorwiegend aus biologischer Sicht abgeleitete Optimalzustände bezüglich Lufttemperatur und Luftfeuchtigkeit (Tab. 6-1 und 6-2).

Bei allem Streben nach schnellem Erreichen des für die jeweilige Lagerungsphase optimalen Lagerklimazustands ist immer zu beachten, dass neben dem erwünschten Lagerungserfolg auch ein tragfähiger Kompromiss aus Sicht der Gesamtökonomie unter Einbezug der Kosten für Investition und Betrieb der Lüftungs- und Klimatechnik zu treffen ist.

Für die Klimaführung in allen Phasen der Lagerung gilt:

- Zu niedrige Temperaturen fördern die Ausbildung reduzierender Zucker,
- zu hohe Temperaturen fördern die Ausbreitung von Lagerungsfäulen und verkürzen die Keimruhe,
- zu geringer Luftwechsel erschwert die Einhaltung der angestrebten Temperaturen,
- zu starker Luftwechsel fördert den Turgorverlust und erhöht den Schwund.

Die höchsten Anforderungen an die Kapazität der Lüftungstechnik ergeben sich in der Phase der **Abtrocknung** unmittelbar nach der Einlagerung, da aus biologischer Sicht ein eventuell vorhandener Wasserfilm an der Knollenoberfläche durch Luftwechsel innerhalb von 24 Stunden zu beseitigen ist, um die Erreger der Knollennassfäule abzutöten und den Knollen durch freien Zutritt von Sauerstoff die freie Atmung zu ermöglichen.

Hohe Luftfeuchte und Temperaturen über 15 °C bilden gleichzeitig auch beste Voraussetzungen für die Entwicklung von Nassfäule. Wenn die Wundheilung der Knollen noch nicht erfolgt ist, können im Verlauf von wenigen Tagen Totalverluste eintreten. Das betrifft insbesondere eingeregnete Partien, die nicht kurzfristig abgetrocknet werden konnten und bei denen sich die Erreger der Nassfäule in den noch offenen Wunden aber auch in feinen, äußerlich nicht wahrnehmbaren Haarrissen ungestört entwickeln können.

Tab. 6-1: Tendenzielle Wirkungen der Lagerungsbedingungen auf ausgewählte Merkmale

	Wundheilung	**Atmung**	**Keimung**	**Schwund**
Zunahme der Temperatur	positiv	zunehmend	zunehmend	zunehmend
Zunahme der relativen Luftfeuchtigkeit	positiv	zunehmend	zunehmend	abnehmend
Zunahme der Intensität des Luftwechsels	negativ	zunehmend	abnehmend	zunehmend

Tab. 6-2: Richtwerte für die Klimagestaltung in der Lagerungsperiode für Speise- und Pflanzkartoffeln

Lagerungsphasen	Phasendauer/Lagerungsdauer – lose Schüttung (Tage)	Phasendauer/Lagerungsdauer – Behälterlagerung (Tage)	angestrebte Kartoffeltemperatur (°C)	relative Luftfeuchte im Stapel (%)	Luftmenge ($m^3\ t^{-1}\ h^{-1}$)	Art der Belüftung (bei Einsatz von Gebläsen)	Feuchte und Temperatur der Zuluft
Abtrocknung	bis zur vollständigen Abtrocknung der Kartoffeln etwa 1–3	bis zur vollständigen Abtrocknung der Kartoffeln etwa 2–5	15–12	80–90	150	Dauerlüftung (10–12 h/d)	abs. Feuchte der Zuluft unter der der Stapelluft, 2 K bis <5 K unter Stapeltemperatur
Wundheilung	8–12	10–15	15–12	>95	50–80	regelmäßige Intervallbelüftung (max. 5 x 1 h/d)	rel. Feuchte der Zuluft 85 bis 95 %, Temperatur wie im Stapel, jedoch nicht über 15 ° C
Abkühlung	bis zum Erreichen der angestrebten Lagertemperatur		absenken auf 5–4	80–95	40–60	Dauerlüftung (5–12 h/d) solange die Außentemperatur mehr als 3 K unter Kartoffeltemperatur	Wärmemenge der Zuluft unter der der Stapelluft, 2 bis 5 K unter Stapeltemperatur, Temperaturabsenkung um ca. 0,5 K/d
Hauptlagerung	in Abhängigkeit vom Auslagerungszeitpunkt		möglichst konstant Speisekart.: 3–5 Pflanzkart.: 2–4	(90)–95	40–60	Intervallbelüftung bei Temperaturerhöhung zur Abkühlung (1–2 h/d)	max. 3 K unter Stapeltemperatur, jedoch nicht unter +1° C
Vorbereitung zur Auslagerung	5–8	10	10–12	90–95	80–100	Dauerlüftung (Umluft) und täglich bis 4 h Abtrocknung	max. 6 K über Stapeltemperatur, zur Abtrocknung: ca. 3 K unter der Stapeltemperatur

In der Phase der **Wundheilung** wird der schnelle Aufbau einer Wasserdampfsperre durch die Bildung von Abschlussgewebe angestrebt. Hierbei stört zu häufiger Luftwechsel die Prozesse der Zellteilung durch Austrocknung der äußeren Zellschichten. Andererseits sind die Zufuhr von Sauerstoff und die Abführung von CO_2 durch Luftwechsel unerlässlich. Das wird durch kurzzeitige Intervallbelüftung erreicht.

Voraussetzung für eine zügige Wundperidermbildung sind Knollentemperaturen von 12 bis 15 °C und einer relativen Feuchte von 80 bis 95 % über einen Zeitraum von mindestens 14 Tagen, verbunden mit einer Belüftung für die Sauerstoffzufuhr und die CO_2-Beseitigung.

Zu niedrige Luftfeuchte im Stapel infolge intensiver Belüftung bewirkt unerwünscht hohen Schwund, einschließlich seiner negativen Folgewirkungen auf das physiologische Alter der Knollen und die verstärkte Entwicklung von Trockenfäule.

In der Phase der **Abkühlung** sollte die tägliche Temperaturabsenkung des Lagerguts ca. 0,5 bis maximal 1 K betragen. Das erfordert die entsprechende Eignung des Außenluftzustands in einem relativ kurzen Zeitraum.

Während der **Dauerlagerung** kann der Lüftungsaufwand minimiert werden. Intervalllüftung in kürzeren Abständen bei Abweichungen von 1 bis 2 K vom angestrebten Optimum ist günstiger zu bewerten als Lüftung in längeren Abständen bei größeren Temperaturunterschieden, um das physiologische Geschehen in den ruhenden Knollen nicht durch merkliche Temperaturschwankungen zu aktivieren (Vermeiden von Stress).

Die **Vorbereitung zur Auslagerung und Aufbereitung (Konditionierung)** erfolgt in kurzen Zeiträumen mit deutlich wärmerer Luft unter teilweiser Verwendung von Heizgeräten. Dabei ist Kondenswasserbildung, möglich und nach Erwärmung der Knollen durch Abtrocknungsbelüftung abzuschließen.

Sehr hohe Anforderungen an die Genauigkeit des Reagierens mit Lüftungsmaßnahmen herrschen zu Zeitpunkten, wo nur geringe Differenzen zwischen Außenluft und Luftzustand im Stapel bestehen.

7 Lagerhäuser und Lagerungsverfahren

Allen Formen der Kartoffellagerung liegen die Ziele zugrunde, die Knollen vor Verderb durch Frost, Hitze, Regen (Feuchtigkeit, Nässe), Licht, unkontrolliertem Luftzutritt und durch Lagerfäulen (Krankheiten der lagernden Knollen) sicher zu schützen. Die Lebensprozesse, wie Atmung (Respiration), Verdunstung (Transpiration) und Erhalt der Keimfähigkeit (Zellteilung), aufrechtzuerhalten und die Nährstoff- und Wasserverluste so gering wie möglich zu gestalten.

Von einem Kartoffellager wird erwartet, dass die Einlagerungsqualität der Kartoffeln bis zur Verwertung möglichst verlustarm erhalten bleibt. Dabei können die biologisch bedingten Grenzen für Schwund bestenfalls erreicht, jedoch nicht unterschritten werden.

Als Planungsgrundlagen zur Kartoffellagerung sind folgende Überlegungen zu berücksichtigen:

- Die dem Lager zuzuordnende Kartoffelanbaufläche, das Ertragsniveau und die sich daraus ergebende notwendige Lagerkapazität,
- Möglichkeiten einer zukünftigen Kapazitätserweiterung,
- die Anzahl getrennt zu lagernder Partien und deren Umfang,
- das Ernteverfahren,
- das Ein- und Auslagerungsverfahren,
- das Lagerungsverfahren,
- das Belüftungssystem,
- die Zuordnung einer Sortieranlage,
- die Raumaufteilung,
- die Wegeführung,
- die Bauweise.

Die **Bauweise** von Kartoffellagerhallen kann sehr vielgestaltig sein. Das ergibt sich aus der notwendigen Anpassung an die jeweiligen Anforderungen hinsichtlich Kapazität, Lagerungsform (lose Schüttung oder Lagerung in Behältern) und Form der Bewirtschaftung (Verwendungszweck, Dauer der Lagerung, Ausrüstung zur Klimatisierung des Lagerguts und Ausrüstungen zur Aufbereitung und Vermarktung). Daraus ergeben sich bauliche Konsequenzen für die Bauhöhe, die Ausgestaltung von Toren und Luken, das Rastermaß der Bauelemente, die Entscheidung für oder gegen eine Zwischendecke, die Anordnung der Lüftungskanäle (oberflur oder unterflur) und viele andere Entscheidungen.

Die Außenwände der Lagerhäuser müssen frostsicher sein und beim Loselager den Schüttdruck aufnehmen und ausreichend wärmegedämmt sein.

Bei der Fertigbauweise werden freitragende Hallen in Holz- oder Stahlkonstruktion bevorzugt und für den Schüttdruck separate, raumseitige Holzkonstruktionen eingebaut. Die Mehrkosten dieser Schüttdruckwände entfallen bei der Kistenlagerung. Bei kleinen Partien unterhalb von 60 t werden die Kisteninvestitionen billiger als eine entsprechende Raumteilung durch Schüttdruckwände.

Der **Wärmeschutz** erfolgt bei der Leichtbauweise heute häufig durch Sandwich-Paneele. Diese schließen in zwei profilierten Blechen die Wärmedämmschicht ein. Die Dämmschicht ist dadurch vor Durchfeuchtung geschützt, nagetiersicher und im begrenzten Rahmen auch unempfindlich gegen mechanische Belastungen. Zwischen Außenwand und Kartoffeln ist zur Unterbrechung der Kälteleitung ein Luftraum erforderlich, der bei Lagerung in loser Schüttung meist durch eine schüttdruckbelastbare Bohlenwand geschaffen wird.

Bei mehrschaligen Wänden muss auf eine luftdichte Ausführung der Wärmedämmschicht und eine raumseitige Dampfsperre geachtet werden.

Bei Fertighallen in Stahlbauweise erfolgt die Wärmedämmung vorwiegend direkt auf der Dachkonstruktion. Es werden von First bis Traufe in einem Stück durchgehende Dämmplatten angeboten. Die darüber zu verlegende Dacheindeckung soll eine Hinterlüftung ermöglichen, um Kondensat und Einstrahlungswärme abführen zu können.

Abb. 7-1: Drei Bauabschnitte einer neuen Kartoffellagerhalle. Im Zusammenhang mit der Planung des Neubaus eines Lagers sollten neben den Überlegungen zu Lagerart (Kisten oder Loselagerung) und -bedingung (Form der Klimatisierung) sowohl betriebswirtschaftliche Fragen, wie Betriebsform, -größe und -ausstattung, als auch arbeitswirtschaftliche Fragen, beispielsweise der Personalbesatz oder technische Hilfsmittel, wie Ein- und Auslagerungstechnik, Hubwagen oder Stapler, berücksichtigt werden.

Eine entscheidende Bedeutung hat bei der Anwendung von Platten das Vermeiden von Fugen. Ausreichende Abdichtungsmaßnahmen auf der Oberseite und der Fugen haben die Aufgabe, das Eindringen und die Kondensation warmer, feuchter Lagerraumluft zu verhindern. Auf der Unterseite schützt ebenfalls eine Dampfsperre aus Aluminiumfolie die Dämmschicht vor der Durchfeuchtung. Neben Dämmplatten werden auch Ortschäume aus Polyurethan an Innenwänden und Decken verwendet. Im Dachbereich sollte, nicht nur wegen der einfacheren Reparaturmöglichkeit, eine Hinterlüftung erhalten bleiben.

Das Lagerhaus muss eine Lagerungstemperatur von 3 bis 5 °C bei 95 % Luftfeuchtigkeit ohne Kondensation und Heizung ermöglichen.

Die **Wärmedämmung** soll die Kartoffeln sowohl vor einer Unterkühlung als auch vor der Außenwärme schützen. Im Winter fließt Lagerraumwär-

Abb. 7-2: Eine gute Isolierung des Lagers ist für eine geregelte Klimaführung von besonderer Bedeutung. Gängige Dämmstoffe sind Sandwich-Elemente (oben) oder im Spritzverfahren aufgebrachter Polyurethanschaum, PU-Schaum (unten).

me bei niedriger Außentemperatur über die Wände ab.

Eine ausgeglichene Wärmebilanz besteht dann, wenn sich die Wärmeproduktion der Kartoffeln mit dem Wärmedurchgang durch die gesamte Gebäudehülle im Gleichgewicht befindet.

Allerdings basiert diese Berechnung auf der durchschnittlichen Tiefsttemperatur und einem gefüllten Lager. Langanhaltende Frostperioden bei nur geringer Raumfüllung müssen durch eine Frostschutzheizung überbrückt werden.

Eine zu starke Dämmung behindert den Wärmeaustausch über die Gebäudehülle und es muss länger mit Außenluft gekühlt werden. Eine erhöhte Anzahl Belüftungsstunden kostet zusätzliche Energie, senkt die relative Feuchtigkeit im Raum und verstärkt die Gewichtsverluste.

Bei hoher Außentemperatur, wie im Spätsommer und im Frühjahr, addieren sich die Wärmemengen aus dem Wärmedurchgang von außen nach innen mit der Atmungswärme. Deshalb empfiehlt sich für die warme Lagerungszeit eine dickere Dämmschicht.

Maßgebend für die Berechnung des Wärmehaushalts ist die DIN 4108, Wärmeschutz im Hochbau. Bei einer Temperatur im Lager von 4 bis 8 °C, einer Außentemperatur von bis zu -15 °C sowie einer relativen Luftfeuchtigkeit von 95 % geht man von folgenden Dämmwerten aus:

- Außenwände belastet (Oberflächenfrostfreiheit), U-Wert: 0,2 W/m^2 K,
- Außenwände unbelastet, U-Wert: 0,35 W/m^2 K,
- Decken (tauwasserfrei), U-Wert: 0,2 W/m^2 K.
- Ein U-Wert von 0,2 bzw. 0,35 erfordert bei den verwendeten Materialien in Abhängigkeit von ihrer Wärmeleitzahl eine unterschiedliche Mindestdicke (Tab. 7-1).

Der **U-Wert** gibt die Energiemenge an, die durch eine Wandfläche von 1 m^2 in einer Sekunde bei einer Temperaturdifferenz von 1 Kelvin zwischen Innen- und Außenraum strömt. Je geringer der U-Wert, desto größer ist die

Dämmwirkung des Baumaterials. Die Einheit des U-Wertes als Wärmedurchgangswert ist: W/m² K.

Die Lagerung von Kartoffeln in herkömmlichen Erd-/Stroh-Feldmieten ist Vergangenheit. Schon eher findet man noch die Lagerung im Freien in Form belüfteter oder auch unbelüfteter, befestigter oder unbefestigter Großmieten. Aber auch in losen Haufen unter Einsatz von Strohballen, Folien oder Vlies zur Abdeckung der Kartoffeln. Dazu eignen sich auch sehr gut die Betonflächen nicht genutzter Durchfahrsilos. Das betrifft vorrangig nicht winterfest zu lagernde Partien, die für die industrielle Verarbeitung, insbesondere zur Stärkeerzeugung, mit kurzer Lagerungsdauer vorgesehen sind oder für Situationen in Jahren mit überdurchschnittlichem Ertrag bei nicht ausreichender Unterdachlagerkapazität.

Tab. 7-1: Erforderliche Mindestdicke der Dämmschicht in Abhängigkeit vom eingesetzten Material (Quelle: KTBL-Arbeitsblatt Nr. 1200)

Dämmmaterial	Wärmeleitzahl	Erforderliche Dicke	
		U-Wert 0,2	U-Wert 0,35
Polyurethan Hartschaum	0,02	100 mm	60 mm
Extrudiertes Polystyrol	0,028	140 mm	90 mm
Polystyrol Hartschaum	0,03	180 mm	110 mm
Mineralfaser	0,04	200 mm	130 mm

Die Lagerung in offenen oder geschlossenen nicht wärmegedämmten Hallen wird nur für einen relativ kurzen Zeitraum durchgeführt, spätestens bis zum Frostbeginn meist in loser Schüttung.

Im Zusammenhang mit der Lagerung von Kartoffeln ist eine Reihe von Begriffen inhaltlich korrekt zu trennen. Dazu sind in Tabelle 7-2 einige Vorschläge unterbreitet.

Tab. 7-2: Begriffszuordnung gebräuchlicher Formen der Kartoffellagerung

Ort der Lagerung	Art der Lagerung	Bauliche Gestaltung	Stapelart	Dauer der Lagerung	Zustand des Lagerguts
• Unterdachlagerung	• Lagerhäuser • Behelfslager • Keller	• Hallenlager (Flächenlager) • Boxenlager bzw. Selektionslager	• lose Schüttung • Großbehälter (Großkisten)	• Zwischenlagerung • Kurzzeitlagerung (winterfest) • Langzeitlagerung	• Erntegut • teilweise aufbereitetes Erntegut • vollständig aufbereitetes Erntegut
• Lagerung im Freien	• herkömmliche Erd-/Strohmieten • belüftbare Großmieten • befestigte Großmieten • unbelüftete Schüttungen	• Erd-/Strohmieten • einkanalige Großmieten • mehrkanalige Großmieten	• lose Schüttung	• Zwischenlagerung • Langzeitlagerung	• Erntegut • teilweise aufbereitetes Erntegu • vollständig aufbereitetes Erntegut

Die an die speziellen Anforderungen der Kartoffel angepassten Lagerhäuser werden je nach Art der Stapelung in Hallenlager und Sektionslager bzw. Boxenlager, wo die Kartoffeln in loser Schüttung liegen, sowie in Behälterlager unterschieden.

Die **Loselagerung** ist besonders für die Lagerung von größeren Mengen nicht so vieler unterschiedlicher Sorten bzw. Partien geeignet, da die Kosten für das Lager dann durch wenige Trennwände gering gehalten werden können.

Bei großflächigem Anbau kommen, je nach Anbaustufe und Sorte, aber auch wesentlich größere Partien vor, wo die Loselagerung durchaus effektiv angewendet werden kann. In der Vergangenheit wurden häufig Boxen- bzw. Sektionslager mit mittlerem Arbeitsgang gebaut. Die Boxen haben meist ein Fassungsvermögen von 15 bis 30 t. Für größere Partien bis zu ca. 600 t eignen sich Langboxenlager (auch als Sektionen bezeichnet) besser und erst über diese Menge hinaus sind Flächenlager effektiver.

Das Lagern von Kartoffeln in **Behältern** (auch als Kisten oder Paletten bezeichnet) begann um 1910 zunächst in Holland für Frühkartoffeln zur Vorkeimung in Vorkeimstiegen. In großem Umfang fand diese Form der Lagerung erst Jahrzehnte später in größeren Behältern, zunächst für Pflanzkartoffeln, seine Anwendung.

Die Lagerung in Behältern bietet sich bei vielen kleinen Partien an, wenn die Kistenvarianten preisgünstiger als die Lagerung in kleinen Boxen sind und die Raumausnutzung besser ist.

Bei größeren Partien und bei direkter Verladung ist die Loselagerung meist günstiger, weil die Kosten für die Kisten höher sind, als die für Schüttdruck belastbaren Wände.

Kistenlager benötigen dagegen keine durch Schüttdruck belastbaren Wände. In Bezug auf das Belüftungssystem sind gar keine zusätzlichen Belüftungseinrichtungen oder Luftleiteinrichtungen in Form von Luftkanälen, Belüftungsschächten bzw. Schlitzwänden erforderlich. Die Raumhöhe der Gebäude wird hauptsächlich von der Kistenhöhe bestimmt.

Daher verfügten zunächst vor allem Pflanzgutvermehrungsbetriebe, zunehmend aber auch Erzeuger und Direktvermarkter von Speisekartoffeln, über Behälterlager. Bei den Direktvermarktern kommt hinzu, dass das Handling flexibel gestaltet werden kann, regelmäßig kleinere Mengen aus dem Lager entnommen und die Kartoffeln leichter vor der Aufbereitung partienweise getrennt aufgewärmt werden können.

Das Fassungsvermögen der Großbehälter ist seit ihrer Einführung in die Kartoffellagerung von unter 0,5 t über Zwischengrößen auf bis zu 5 t angestiegen.

Nachdem anfänglich die Lagerung in loser Schüttung stark dominierte, setzt sich allmählich, sowohl für Pflanzkartoffeln als auch für Speisekartoffeln, die Lagerung in Behältern unterschiedlicher Bauart und Größe durch. Es wird eingeschätzt, dass bereits im Jahre 2004 über 50 % der in Deutschland zur Langzeitlagerung vorgesehenen Kartoffeln in Behältern zur Einlagerung kamen. Dieser Prozess setzt sich weiter fort.

8 Lüftungsverfahren

Analog zur Vielzahl von zur Kartoffellagerung genutzten Gebäuden und der Form der Lagerung (lose Schüttung oder in Behältern) gibt es eine große Variationsbreite von Belüftungssystemen (Abb. 8-2).

Voraussetzung für deren erfolgreiche Bewirtschaftung ist, das Verhalten der Kartoffeln auf die Veränderungen der sie umgebenden Luft zu kennen und unerwünschte Nebeneffekte zu vermeiden, wie:

- Niederschlag von Kondenswasser
- Verzögerung der Wundheilung,
- erhöhte Intensität der Atmung,
- beschleunigte Entwicklung von Lagerungsfäulen,
- verstärkte Transpiration (Verdunstung),
- vorzeitige Keimung.

Wichtigstes **Ziel der Belüftung** ist somit, neben dem Erreichen einer angestrebten Temperatur, die Abführung der Stoffwechselprodukte CO_2 und von den Knollen abgegebenen Wassers (Abtrocknung).

Bei allen Maßnahmen zum **Luftwechsel** sind die folgenden Gesetzmäßigkeiten zu beachten:

- Luft findet ihren Weg gemäß der Druckverteilungen und Strömungswiderstände innerhalb des Raums und des Stapels.
- Luft mit einer höheren Temperatur ist leichter als kältere Luft und steigt nach oben.

Abb. 8-1: Die Überflurbelüftung mit halbrunden Wellkanälen aus verzinktem, perforiertem Stahlblech ist eine weit verbreitete Variante der Lufteinbringung in den losen Kartoffelstapel, denn sie ist flexibel einsetzbar und in der Anschaffung kostengünstig. Die Abmessung der Kanäle wird durch die Ventilatorluftmenge und Luftgeschwindigkeit im Kanal bestimmt. Der Abstand von Kanalmitte zu Kanalmitte sollte je nach Lagerhöhe etwa 4 m betragen. Bei einer Boxenbreite von 12 m wären demnach drei Kanäle erforderlich.

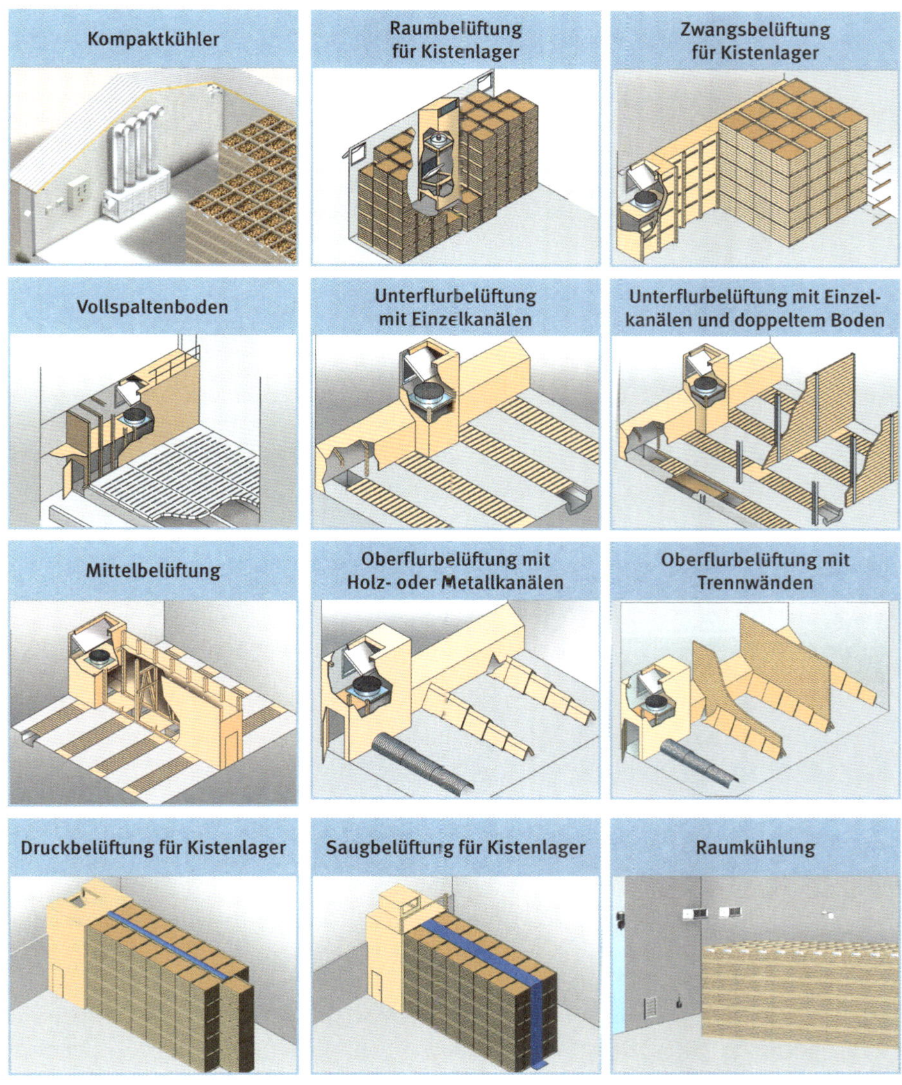

Abb. 8-2: Auswahl von Varianten zur Belüftung von Kartoffeln in Lagerhäusern

- Wärmere Luft kann mehr Feuchtigkeit aufnehmen als kältere Luft.
- Luft mit höherer relativer Luftfeuchtigkeit ist leichter als Luft bei gleicher Temperatur aber geringerer relativer Luftfeuchte und steigt dann nach oben.
- Ungesättigte Luft zieht Wasserdampf, höchstens jedoch bis zum Sättigungspunkt, von jeder feuchten Oberfläche ab.

- Abtrocknung eines Kartoffelstapels ist nur möglich, wenn die absolute Feuchte der Zuluft unter der der Stapelluft liegt.
- Abkühlung eines Kartoffelstapels ist nur möglich, wenn der Wärmeinhalt der Zuluft geringer ist als der Wärmeinhalt der Luft im Stapel.

Auf die Bedingungen in einem Lagerhaus übertragen, führen die eben genannten Gesetzmäßigkeiten für die **Gestaltung von Belüftungssystemen** zu folgenden Schlussfolgerungen:

- In einem Kartoffelstapel findet bereits bei freier konvektiver Luftbewegung kontinuierlich eine vertikale Luftströmung von unten nach oben statt. Bei zusätzlichem Einsatz von Ventilatoren (Zwangsbelüftung) mit Strömungsrichtung der Luft von unten nach oben kann der sich vollziehende Luftaustausch beschleunigt werden (Vergleich: Schwimmen mit dem Strom).
- Erzwungene vertikale Luftströmung von oben nach unten wirkt dem natürlichen Konvektionsstrom entgegen und bewirkt eine Verminderung der Belüftungswirkung in der Schüttung und führt zu höherem Energieaufwand (Vergleich: Schwimmen gegen den Strom).
- Horizontal gerichtete Zuluftströme erfordern je nach Lage der Abluftöffnungen eine Richtungsänderung und führen zu einer Unterbrechung der vertikalen Luftbewegung, was mit einer Verminderung der Belüftungswirkung verbunden ist.
- Räumliche Nähe zwischen Zuluftöffnung und Abluftöffnung begünstigt einen Kurzschluss des Luftwegs und bewirkt ebenfalls eine Verminderung der wirksamen Belüftung in der Schüttung.

Solange die Kartoffeln in Erdgruben, Kellern und Erd-/Strohmieten lagerten, waren die Möglichkeiten eines gezielten Luftwechsels stark eingeschränkt und ergaben sich ausschließlich aus dem Temperaturunterschied zur umgebenden Luft. Der vor allem durch Erwärmung bewirkte Auftrieb im Kartoffelstapel führt zu einem vertikalen Anstieg der Luft und dem nachfolgenden Entweichen durch vorhandene Öffnungen bei gleichzeitigem Zutritt von Frischluft.

Das genannte Prinzip des Luftauftriebs wirkt, je nach Höhe der Kartoffelschüttung und der Differenz zwischen den Temperaturen innerhalb und außerhalb des Stapels, gemessen an der für Kartoffeln spezifischen Luftrate, in unterschiedlicher Intensität (Abb. 8-3).

Nach den in Abbildung 8-3 rechnerisch ermittelten Verläufen ergibt sich bei einer Schütthöhe von 1 m und einer Temperaturdifferenz von 1 K (Kelvin) und ungehindertem Luftzutritt eine spezifische Luftrate von ca. 25 m^3/t, h.

Wenn unterstellt wird, dass 1 t Kartoffeln einem Volumen von ca. 1,5 m^3 entsprechen und das Hohlraumvolumen etwa ein Drittel der Schüttung ausmacht, entspricht diese Luftmenge einem 50-fachen Luftwechsel je Stunde.

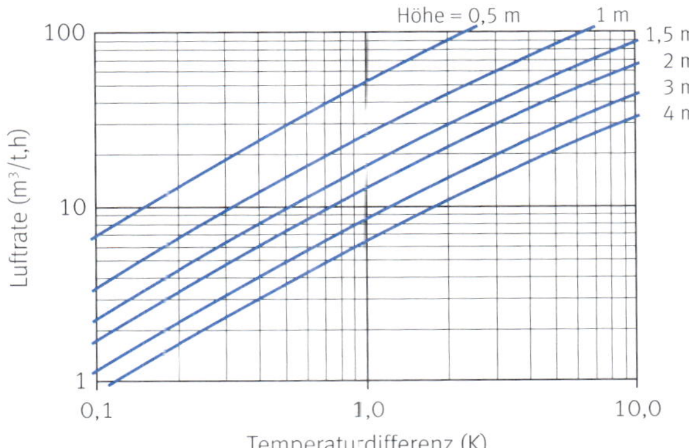

Abb. 8-3: Spezifische Luftrate als Funktion von Temperaturdifferenz zwischen Kartoffeln und umgebender Luft und Höhe der Kartoffelschüttung (Quelle: Maltry, 1997)

Bei der Anlage von Luftkanälen (oberhalb der Flur) mit freiem Zutritt von Frischluft konnte in den über einen langen Zeitraum stark verbreiteten Boxenlagern die Schütthöhe auf 2 bis 3 m vergrößert werden, ohne dass eine merkliche Verschlechterung der Qualität der Kartoffeln eintrat.

Eine neue Etappe begann, als durch baulichen und technisch-technologischen Fortschritt die Möglichkeit bestand, den natürlichen Luftstrom durch den Einsatz von Lüftern zu unterstützen bzw. zu beschleunigen. Das führte zur Möglichkeit, die Kartoffeln wesentlich höher zu schütten und in kürzerer Zeit die gewünschten Lagerungsbedingungen zu schaffen, wenn die Außenluftzustände dies gestatteten.

Neben den Überlegungen zu biologischen und physikalischen Wechselwirkungen sind auch technologische und ökonomische Zwänge zu beachten, da sich die Bedingungen in jedem Lagerhaus von denen in anderen Lagerhäusern oft erheblich unterscheiden. Die wechselnden Bedingungen aufgrund unterschiedlicher Qualität des Lagerguts und Jahreswitterung kommen erschwerend hinzu. Die Hauptrolle für den Erfolg kommt jedoch dem Bewirtschafter einer Lageranlage zu.

Die Mehrzahl der Kartoffellager verfügt heute über eine Belüftungsanlage, die aus Ventilatoren, Luftverteilungssystemen, Zu- und Abluftöffnungen sowie Steuereinrichtungen besteht. Zur Klimatisierung des Lagers wird überwiegend Außenluft verwendet, da ihre Temperatur zum Kühlhalten in der Hauptlagerungszeit zumeist ausreicht.

Die Funktion und die Wirksamkeit der verschiedenen **Lüftungsverfahren** unterscheiden sich hinsichtlich:

- installierter spezifischer Luftrate in m^3 Luft je Tonne und Stunde,
- Luftführung vertikal (von unten nach oben oder von oben nach unten) oder horizontal,
- Belüftungskanäle unter oder über Flur, Schlitzwände, Belüftungstürme,
- Lüftungsdauer je Grad Temperaturveränderung,
- Energieaufwand je Grad Temperaturveränderung,
- Kosten der Belüftungstechnik und des Lüfterbetriebs je t Lagerkapazität,
- dem Belüftungssystem zuordenbare Beeinflussung von Lagerungsverlusten,

- dem Belüftungssystem zuordenbare Beeinflussung des Keimverhaltens,
- dem Belüftungssystem zuordenbare Eignung für Umluftbetrieb (z. B. bei Einsatz von Keimhemmungsmitteln).

Die Unterscheidung von Begriffen der verschiedenen Lüftungsverfahren geht aus der folgenden Tabelle 8-1 hervor. Die Hauptgruppen sind:

- Zwangsdurchlüftung, bei Lagerung in loser Schüttung oder in seitlich geschlossenen Behältern,
- Raumbelüftung, vorrangig in Form von Wurflüftung oder Schlitzwandlüftung, bei Lagerung in seitlich offenen Behältern,
- freie Lüftung, auch als freie Konvektionslüftung (FKL), Auftriebslüftung oder Windlüftung bezeichnet, bei Lagerung in seitlich offenen Behältern.

Je nach Druckverhältnissen wird zwischen Überdruck, Gleichdruck oder Unterdruck unterschieden.

Die durch den Stapel zu führende Luft kann beim Einsatz von Ventilatoren im Frischluft-, Mischluft- oder Umluftbetrieb gefahren werden.

Jedes Belüftungssystem kann aus der Sicht der Wirksamkeit der Belüftung differenziert bewertet werden.

Tab. 8-1: Begriffe und Systematik zur Belüftung von Kartoffeln bei Unterdachlagerung

Art der Stapelung	Lüftungsprinzip	Lüftungsverfahren	Druckverhältnisse in der Schüttung	System der Luftführung[1]	Art der Zuluft	Technische Lösungen der Luftführung
Lagerung in loser Schüttung	freie Lüftung	Auftriebslüftung (max. 1,5 m Schütthöhe)	Unterdruck durch Auftrieb	offen	Frischluft	Luken, Tore
	technische Belüftung	Zwangsdurchlüftung	Unterdruck, Gleichdruck oder Überdruck	offen oder geschlossen	Frischluft, Mischluft, Umluft	Überflur- oder Unterflurkanäle
	freie Lüftung, Windlüftung	FKL	Unterdruck	offen	Frischluft	Luken
		sonstige Formen freier Lüftung	durch Auftrieb			
Lagerung in Behältern	kombinierte Belüftung	wahlweise Kombination von Elementen freier Lüftung und technischer Belüftung				
	technische Belüftung	Raumbelüftung	Unterdruck oder Gleichdruck	offen oder geschlossen	Frischluft, Mischluft	Schlitzwand, Wurflüftung, Wand- und Deckenlüfter
		Zwangsdurchlüftung	Überdruck	geschlossen[2]	Umluft	Schlitzwand, Unterflurkanäle

[1] *offen = Zu- und Abluftführung über Luken möglich, geschlossen = Zu- und Abluft nur über Ventilatoren*
[2] *Einsatz bei Lagerung in seitlich geschlossenen Behältern*

Abb. 8-4: Druckbelüftung – Bevor die von außen zugeführte Luft zu den Kartoffeln im Lagerraum gelangt, strömt sie durch eine Druckkammer. Dort wird die Luft behandelt und mit der richtigen Qualität und Geschwindigkeit dem Lager zugeführt. Lüftungs- und Regelgeräte sorgen für eine optimale Verteilung der Luft von der Druckkammer zum Produkt.

Aus Tabelle 8-2 ist zu entnehmen, dass die **vertikal nach oben gerichtete Luftführung** unabhängig von der Lagerungsform (lose Schüttung oder Behälter) als optimale Variante zu bewerten ist. Die natürliche Luftbewegung wird hierbei unterstützt und an der oberen Kartoffelschicht kann die im gesamten Stapel erreichte Temperatur und der Grad der Abtrocknung gut gemessen werden. Diese Luftbewegung ermöglicht auch den Einsatz von Keimhemmungsmitteln, wenn die Dosis der Applikationsmittel gesplittet wird und die Behandlung sich über zwei bis drei Tage erstreckt.

Als weniger gut ist dagegen eine **horizontale Luftführung** anzusehen, da die Luft gezwungen wird, die Richtung zu wechseln und bei ungleichen Druckverhältnissen im Kartoffelstapel kein homogener Luftaustausch gewährleistet ist.

Am ungünstigsten ist eine **von oben nach unten gerichtete Luftführung** zu bewerten. Hierbei begegnen sich die Belüftungsluft und die durch natürlichen Auftrieb nach oben strebende Luft aus dem Kartoffelstapel, was zu Verzögerungen des angestrebten Effekts führt und keine visuelle Kontrolle zum erreichten Zustand in den unteren Kartoffelschichten hinsichtlich Grad der Abtrocknung und erreichter Temperatur ermöglicht.

Tab. 8-2: Mögliche Luftführung unterschiedlicher Belüftungssysteme in Kartoffellagerhäusern und deren Bewertung (rot = ungünstigste Variante, gelb = optimale Variante)

Merkmal	Lagerung in loser Schüttung mit Einsatz von Lüftern		Lagerung in Behältern				
			mit Einsatz von Lüftern			ohne Einsatz von Lüftern (FKL)	
Art und Lage der Zuluftöffnungen	Kanäle unter oder über Flur	Schlitzwand neben der Schüttung	Kanäle unter Flur	Schlitzwand neben der Schüttung	Lüftungstürme oder Mischluftkästen	Klappen über Flur, Tore	Klappen oberhalb der Behälter, Tore
Grundrichtung der Zuluft im Stapel	vertikal nach oben	horizontal	vertikal nach oben	horizontal zwischen den Behältern	horizontal und vertikal nach unten	vertikal nach oben bei Zuluftöffnungen unten	horizontal bei Zuluftöffnungen oben
Art und Lage der Abluftöffnungen	oberhalb der Schüttung, unterhalb der Zwischendecke bzw. im Giebel oder First	Schlitzwand neben der Schüttung	Klappen oder Mischluftkästen oberhalb der Behälter oder über Flur	Klappen oder Mischluftkästen oberhalb der Behälter oder über Flur	Klappen oder Mischluftkästen oberhalb der Behälter oder über Flur	oberhalb der Behälter, unterhalb der Zwischendecke bzw. im Giebel oder First	oberhalb der Behälter, unterhalb der Zwischendecke bzw. im Giebel oder First
Grundrichtung der Abluft im Stapel	vertikal nach oben	horizontal	vertikal nach oben	horizontal zwischen den Behältern zusätzlich vertikal durch Konvektion	horizontal zwischen den Behältern zusätzlich vertikal durch Konvektion	vertikal nach oben	horizontal zwischen den Behältern zusätzlich vertikal durch Konvektion
Richtung der Abluft zur Zuluft	Gleichstrom	Gleichstrom	Gleichstrom	Gleichstrom	Gegenstrom	Gleichstrom	Gegenstrom
Bewertung							
Vorteile	sicheres Verfahren bei geringen Kosten	Nutzung vorhandener Gebäude und Ausrüstungen	sicheres Verfahren, Nutzung vorhandener Gebäude mit Unterflurbelüftung	sicheres Verfahren, schnelle Abtrocknung, kontrollierte Luftführung	geringe Anforderungen an die Stapelordnung, flexible Gestaltungsmöglichkeiten	geringste Kosten für Investition und Bewirtschaftung, optimale Luftführung	geringste Kosten für Investition und Bewirtschaftung, Luftführung suboptimal
Nachteile	Trennung von und Zugriff auf Teilpartien erschwert	verminderter Lüftungseffekt, erschwerte Qualitätskontrolle	Anpassung der Behälter und der Stapelordnung an die Bauhülle	höhere Anforderungen an Stapelordnung, hohe Investitions- und Energiekosten	verminderte Effizienz der Luftführung, Probleme bei unsicheren Partien möglich	bei vermindertem Luftwechsel langsameres Abtrocknen, Umluftführung nicht möglich	bei vermindertem Luftwechsel langsameres Abtrocknen, Umluftführung nicht möglich

9 Klimatisierung in Lageranlagen

Zur Lagerklimaführung entsprechend der aufgeführten Orientierungswerte sind Lösungen mit unterschiedlichem technischen Aufwand, von der einfachen Lüftungsklappe über manuell zu bedienende Lüfter bis hin zum Einsatz computergesteuerter Lüftungsautomaten unter Einbezug von technischer Kälte und Luftbefeuchtungsanlagen, im Einsatz.

Belüftung von Haufenlagern

Bei der Haufenlagerung verläuft die Durchströmung des Kartoffelstapels mit Frischluft überwiegend vertikal von unten nach oben (Abb. 9-1).

Die Haufenlagerung ist die traditionelle Lagerungsart, die den Vorteil hat, dass sie leicht einzurichten ist und große Mengen effektiv belüftet werden können. Die überwiegende Belüftungsart ist eine Zwangsbelüftung durch Luftkanäle. Sind Unterflurkanäle nicht vorhanden, so können bewegliche Überflur-Belüftungskanäle vor der Einlagerung variabel angeordnet und mit den Lüftern verbunden werden.

Die folgenden **Grundregeln für die Zwangsbelüftung** gelten im übertragenen Sinne auch für alle anderen Belüftungsarten mit Einsatz von Lüftern:

- Ein großer Teil der Ventilatorenergie und der durch sie verursachten Schwundverluste ist notwendig, um die Luft einigermaßen gleichmäßig auf alle Kartoffeln zu verteilen.
- Eine absolut gleichmäßige spezifische Luftrate für alle Kartoffeln einer Lagereinheit ist sowohl wegen der Eigenschaften der lüftungstechnischen Einrichtungen als auch wegen der Ungleichmäßigkeiten im Gut selbst (Knollengröße, Beimengungsanteil, Füllhöhe) unmöglich. Deshalb muss für die Auslegung des Lagers eine größere spezifische Luftrate gewählt werden, als sie rein theoretisch optimal wäre; Werte zwischen 60 und 80 $m^3\ t^{-1}\ h^{-1}$ können für die Klimabedingungen in Mitteldeutschland und für die

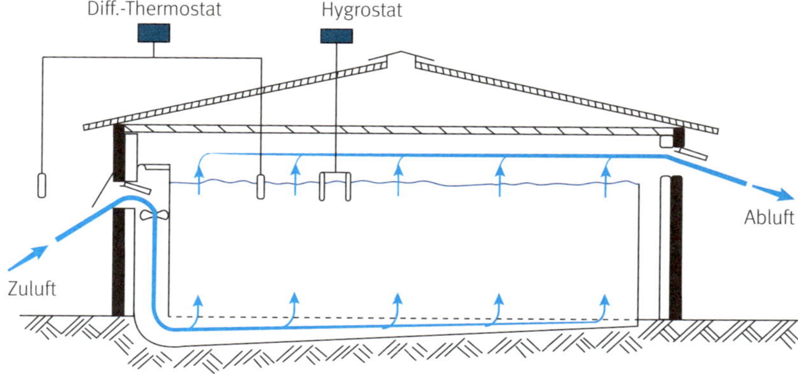

Abb. 9-1: Prinzip der Belüftung eines Haufenlagers mit Überdruck (Quelle: KTBL-Arbeitsblatt 0242)

Dauerlagerung angebracht sein; in den Lagerungsphasen Abtrocknung, Abkühlung und Konditionierung entsprechend höher.
- Die unterschiedlichen Bedarfswerte in den einzelnen Lagerphasen lassen sich lüftungstechnisch zweckmäßig dadurch verwirklichen, dass der Luftstrom vom Hauptkanal aus zeitweilig auf einzelne Partien des Lagers konzentriert werden kann. Bei fester Zuordnung von Ventilatoren und Lagerzellen (wie in den großen Speisekartoffellageranlagen) ist eine leistungselektronische Drehzahlsteuerung oder, falls die entsprechenden Ventilatoren zugänglich sind, die bei einigen Ventilatortypen mögliche Verstellung der Schaufeln auf hohen bzw. niedrigen Luftstrom aussichtsreich. Ist auch das nicht möglich, kann die spezifische Luftrate nur noch über die Füllhöhe in den Lagerzellen beeinflusst werden.

Die **Frischluftzufuhr** über entsprechende Kanäle ist auf die betreffende zu belüftende Kartoffelmenge auszurichten. Durch Klappen und Leitsysteme muss die Luftführung den Betrieb mit reiner Frischluft, Mischluft und Umluft ermöglichen.

Die Abluft wird meist unterhalb der wärmegedämmten Zwischendecke, aber oberhalb der Schüttung, über Luken, je nach Gestaltung der Bauhülle, abgeführt. Je nach der räumlichen Zuordnung der Abluftöffnungen und der Richtung der Zuluft verläuft die Richtung der Abluft als Gleichstrom, Gegenstrom oder Kreuzstrom.

In Lagerhäusern ohne Zwischendecke ist die Abluftführung über Öffnungen im Giebel oder im Dachfirst üblich.

Belüftung von Behälterlagern

Die verschiedenen Luftführungsarten für Behälterlagerung gehen aus der Abbildung 9-2 hervor.

Zwangsdurchlüftung

Für Behälterlager treffen die bereits zur Belüftung von Haufenlagern gemachten Aussagen weitgehend zu.

Bei Behältern mit geschlossenen Seitenwänden ist unter Einsatz von Ventilatoren über Unterflurkanäle vertikal oder bei Vorhandensein einer Belüftungswand mit Luftaustrittsschlitzen der Zuluftstrom horizontal gerichtet.

Bei der Zwangsdurchlüftung über Unterflurkanäle oder Wandbelüftung seitlich geschlossener Behälter besteht die Möglichkeit, mit gezielter Luftführung durch die befüllten Behälter hindurch zum Beispiel die Abkühlzeit von über 18 auf sechs Stunden und damit den Schwund über diese Zeit von bis zu 2 % auf unter 0,5 % zu verringern. Die Abkühlung sollte jedoch nicht mehr als 0,5 K je Tag betragen.

Bei der Wandbelüftung wird die Zuluft seitlich zwischen die auf der Unterseite mit Öffnungen versehenen Behälter geführt und bei am Ende verschlossenen Kanälen jeweils getrennt für eine Schicht (Einwegbelüftung) oder zwei Schichten (Zweiwegebelüftung) durch die Behälter gezwungen.

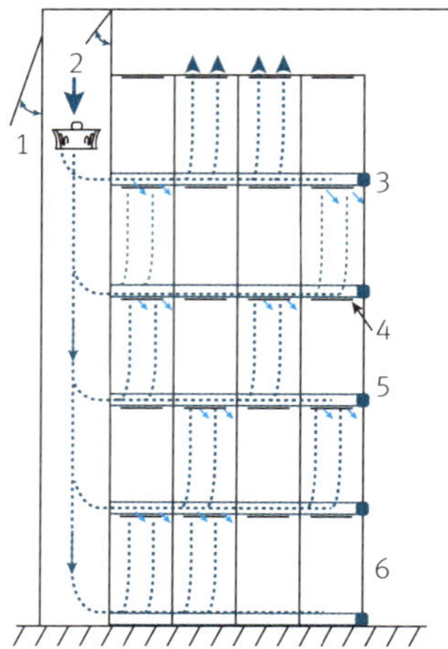

1 = Gebläse
2 = Ansaugseite
3 = Schaumgummiverschluss
4 = Öffnung an der Seitenwand
5 = Geschlossener Palettenboden
6 = Kisten mit geschlossenen Wänden

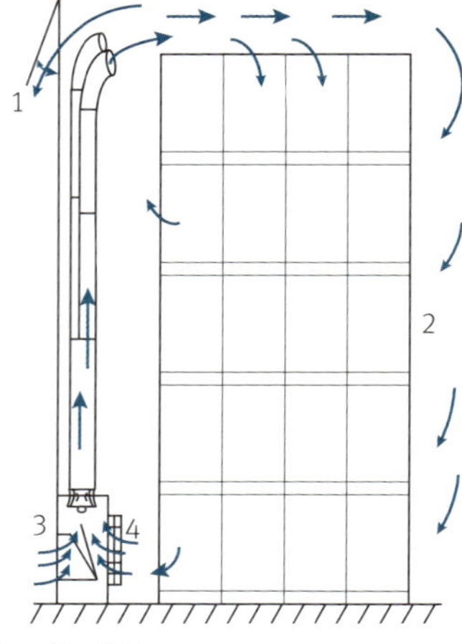

1 = Abluftklappe
2 = Offene Kisten
3 = Ansaugseite
4 = Verdampfer

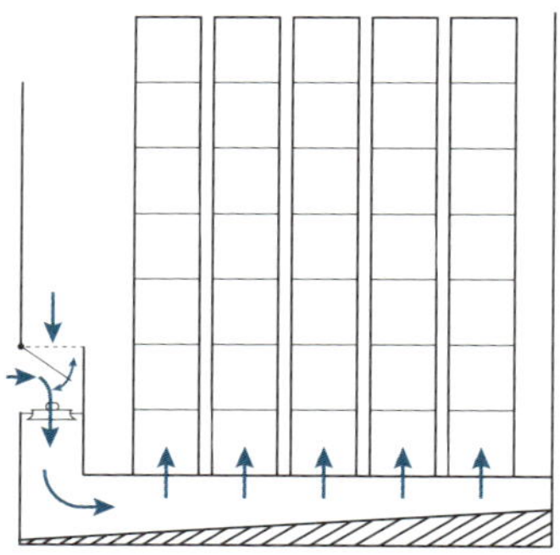

Abb. 9-2: Luftführung in den Behältern bei unterschiedlichen Belüftungssystemen unter Einsatz von Ventilatoren, oben links: Belüftungswand mit Einwegbelüftung seitlich geschlossener Behälter, oben rechts: Wurflüftung für offene Behälter, unten: Unterflurbelüftung (Quelle: Scheer, 1998)

Während die Zuluft in die untere, offene Lücke eindringt und somit zwangsweise durch den Behälter geführt wird, ist die Abluft die Zuluft für den nächsten Behälter usw. Dies führt dazu, dass die Behälter entlang der Stapeltiefe Zuluft mit unterschiedlichen Luftzuständen bekommen. Die Luft ändert ihre Temperatur und Feuchte beim Durchdringen der Behälter und gibt diesen Zustand an die folgenden Behälter weiter. Dies ist auch für eine Haufenlagerung typisch, da dort die Wärme und Feuchte der Luft an die nächsten Schichten weitergegeben wird.

Raumbelüftung

Die sogenannte Raumbelüftung von Lagerhäusern für Kartoffeln ist eine relativ preiswerte Investition. Oft werden beispielsweise ehemalige Maschinenhallen zu Lagerhäusern für Kartoffeln umgerüstet, indem lediglich eine oder mehrere Belüftungseinheiten und einige Belüftungsklappen sowie zugehörige Steuerungseinrichtungen installiert werden. Die Wände werden bei Bedarf zum Beispiel mittels PU-Schaum wärmeisoliert.

Mit der Bezeichnung **Wurfbelüftung** ist die Vorstellung verbunden, dass die kalte Luft über die Behälterstapel hinweg »geworfen« wird.

Derartige Belüftungsanlagen werden für eine Dauerlagerung häufig als »effizient« beurteilt, obwohl festzustellen ist, dass eine ausreichende Luftbewegung durch alle Behälter zum raschen Abtrocknen und Abkühlen nicht unbedingt gewährleistet ist. Beim Abkühlen von Kartoffeln mit kühler Zuluft (Außenluft) lässt sich jedoch der **Schwund (Masseverlust)** sowie die Abtrocknungs- bzw. Abkühlzeit **nur durch ausreichend große Luftmengen** durch die Behälter verringern.

Die **Luftführung** in Behälterlagern sollte eine gleichmäßige Belüftung durch alle Behälter gewährleisten, um Schwund (Masseverlust), Kühlzeit und schließlich Verluste durch vorzeitiges Keimen zu vermindern.

Die Luftwege sind bei der Wurflüftung ohne zusätzliche Luftleiteinrichtungen und ungenügendem Freiraum sehr unterschiedlich. Für die vorderen, oberen Kisten sind die Wege kurz, für die hinteren Kisten deutlich länger, was dazu führt, dass nur im vorderen Bereich die Kartoffeln fast durchgehend mit frischer Zuluft belüftet werden und somit schnell abgekühlt bzw. abgetrocknet werden können. Die Strömung insgesamt stellt sich sehr ungleichmäßig ein. Im vorderen Bereich kann sich leicht eine Unterkühlung und erhöhter Schwund einstellen.

Gegenüber einer gewünschten Durchströmung der Behälter (Abb. 9-3) zeigen Strömungsrechnungen und exakte Messungen, wie die Behälter tatsächlich durchströmt werden (Abb. 9-4).

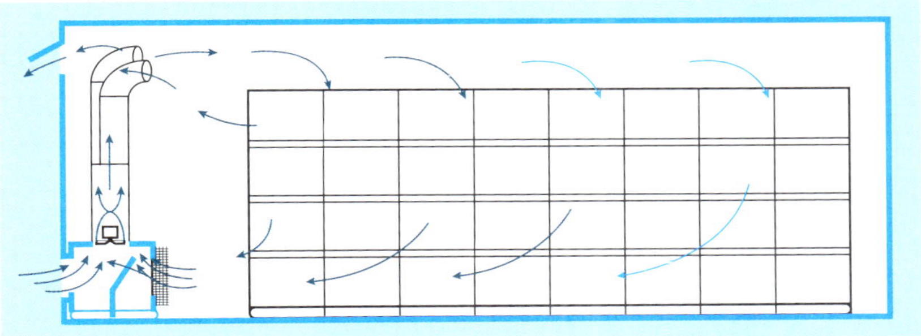

Abb. 9-3: Prinzip der Wurfbelüftung mit gewünschten Strömungsverläufen (Quelle: Gottschalk, 2010)

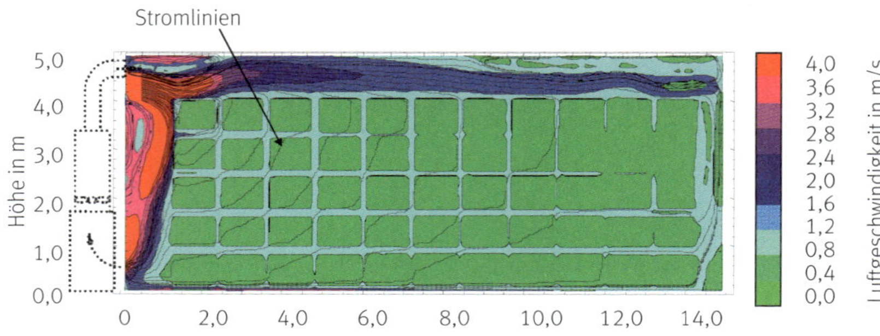

Abb. 9-4: Wurfbelüftung mit errechneten Strömungsverläufen (Quelle: Gottschalk, 2010)

Beim Einsatz von **Kältetechnik** besteht die Aufgabe, die technisch gekühlte Luft in den Umluftstrom einfließen zu lassen. Da die Kältetechnik mehrheitlich nachträglich in vorhandene Lagerhäuser installiert wird, sind Änderungen des vorhandenen Lüftungssystems selten anzutreffen. Dementsprechend wird die gekühlte Luft nach dem Prinzip der Wurflüftung vorrangig durch mobile Mischlufteinheiten oder unter der Zwischendecke aufgehängte fest installierte Luftkühler zugeführt.

Bei Umrüstung eines Flächenlagers mit Unterflurbelüftung in ein Behälterlager ist die weitere Nutzung der Unterflurkanäle auch für technisch gekühlte Luft wegen der vertikalen Strömungsrichtung von unten nach oben die beste Variante.

Freie (konvektive) Lüftung

Das automatisch wirkende Prinzip der freien (konvektiven) Lüftung funktioniert generell und ist unabhängig davon, ob es sich dabei um den Luftwechsel in einem Kartoffellager oder in einem Kuhstall handelt. Diese Form der Lüftung arbeitet ohne Gebläse, benötigt nur ausreichend **Öffnungen für Zuluft und Abluft**. Hierbei wird sowohl der freie Konvektionsstrom als eine Luftbewegung infolge bestehender Temperatur- und Feuchteunterschiede zwischen Zuluft und Stapelluft als auch der Wind des Außenklimas zum Luftwechsel wirksam (Abb. 9-5 bis 9-7).

Das Innenklima wird lediglich durch Öffnen und Schließen von Klappen reguliert. Die Luftgeschwindigkeiten, die sich bei Temperaturunterschieden einstellen, sind eher gering und betragen zum Beispiel bei einer Temperaturdifferenz von 1 K und einer Schütthöhe von 1 m etwa 0,02 m s^{-1}. Die resultierende Luftgeschwindigkeit ist in der Regel ausreichend zum Kühlhalten, jedoch nicht zum raschen Abkühlen oder Abtrocknen. In diesem Fall müsste eine Temperaturschichtung senkrecht durch die Schüttung bzw. den Stapel mit einer Temperaturdifferenz von 2 K über die gesamte Schütthöhe bestehen. Dies sollte mindestens kurz nach der Einlagerung noch warmer Kartoffeln und während der kühleren Nachtstunden gegeben sein.

Durch die Anordnung der Zuluftöffnungen in Höhe der unteren Behälterlage wird die vertikal noch oben gerichtete Luftströmung noch stärker durch den Zutritt von Frischluft verstärkt. Dominiert unter günstigen Witterungsbedingun-

Belüftungsregime: Schornsteineffekt

Belüftungsregime: Kellereffekt

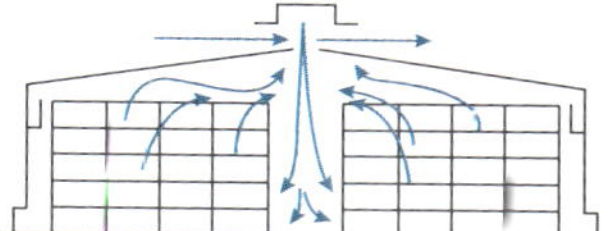

Belüftungsregime	Position der Belüftungseinrichtungen
1. Abtrocknung und Wundheilung	alle Belüftungsklappen und Tore geöffnet
2. Belüftung »Schornsteineffekt«	Belüftungsklappen am Boden und First geöffnet
3. Belüftung »Kellereffekt«	nur Belüftungsklappen am First geöffnet
4. Erhaltung	alle Belüftungsklappen und Tore sind zu

Abb. 9-5: Freie Konvektionslüftung mit Zuluftöffnungen unten und oben Abluftführung über Firsthauben (Quelle: Maly, 2007)

gen der Windanteil an der Lüftung, ist ein genügend rasches Abtrocknen und Abkühlen möglich. Sind die Kartoffeln auf die erforderliche Lagertemperatur, z. B. 5 °C, abgekühlt, stellt sich die freie konvektive Lüftung nach einer Eigenerwärmung der Kartoffeln verstärkt wieder ein. Die lagernden Kartoffeln sollten keine Probleme bereiten, wenn sie vor dem Einlagern »gesund«, sauber und trocken waren. Generell ist für ein derart eingerichtetes Lagerhauss ein Standort mit ausreichender und stabiler Windlage zu wählen.

Um das Abtrocknen zu beschleunigen, können die befüllten Kisten für eine Windbelüftung bei trockener Witterung zunächst außerhalb des Lagerhauses abgestellt werden.

In Kenntnis von Temperatur und relativer Luftfeuchte der Außenluft sind die Belüftungsmaßnahmen auf den angestrebten Luftzustand im Kartoffelstapel unter Vermeidung von Wasserdampf-Kondensation und übermäßigem Masseverlust auszurichten. Die derzeitig in der Mehrheit der Kartoffellager eingesetzten Lüftungsautomaten erfüllen diese Anforderungen mit großer Sicherheit.

Abb. 9-6: 15 kt Lagerhalle der Friweika e.G. (Weidensdorf/Sachsen) mit freier Lüftung

Abb. 9-7: 7-fach Stapelung der 4 t Behälter in Weidensdorf

Analog zu dem das Wetter bestimmenden Wechsel von Hoch- und Tiefdruckgebieten laufen diese Prozesse in verkleinertem Maßstab auch in einem Kartoffellager mit offenem Lüftungssystem ab. Kaltluft dringt aufgrund ihrer größeren Masse (Dichte) durch Dach- und Wandluken in den Lagerraum ein und sinkt nach unten. Durch die Aufnahme von Atmungswärme aus dem durchströmten Lagergut wird gleichzeitig eine Feuchteanreicherung möglich, was mit einer Gewichtsverminderung und Volumenvergrößerung der Luft verbunden ist. Beides hängt infolge Dichteverminderung zusammen. Der daraus resultierende aufwärts gerichtete Luftstrom ist somit eine natürliche Bewegung im Kartoffelstapel.

Zwangsbelüftung im Druck- und Saugverfahren

Versuchsstation Dethlingen

Zur optimalen Trocknung, Kühlung oder Erwärmung der Kartoffeln muss die zugeführte Luft bis in die Mitte der Kisten gelangen. Hier zeigen Zwangsbelüftungssysteme ihre großen Vorteile, denn das aktive Durchströmen der eingelagerten Kartoffeln erhöht die Austauschfläche für Feuchtigkeit und Wärme um das Zehnfache gegenüber einer Raumbelüftung.

Das Airbag-System der Druckbelüftung bewirkt eine Abdichtung der Luftkanäle zwischen zwei Kistenreihen. Die zugeführte Luft strömt über den Luftkanal durch die Seitenwände in alle Kisten und anschließend horizontal durch die gesamte Kiste, also auch durch die Kistenmitte.

Die Saugbelüftung ist ein einfaches und betriebssicheres Belüftungssystem, auch für die Kartoffeln in der Mitte der Kisten. Für eine Zwangssaugbelüftung werden spezielle Abdeckplanen über die Luftkanäle gelegt.

Abb. 9-8: Zwangsbelüftung im Druck- (oben) und im Saugverfahren (unten)

10 Kriterien zur Bestimmung geeigneter Luftzustände

Die Bestimmung geeigneter **Luftzustände für die Kartoffelbelüftung** ist mit zunehmender Präzision nach verschiedenen Kriterien möglich:

- Temperaturdifferenzen,
- Temperatur- und Feuchtedifferenzen,
- Enthalpie- (Wärmemenge) und Feuchtedifferenzen.

In diesem Zusammenhang sind die Wechselbeziehungen zwischen Temperatur, Wassergehalt und Wärmemenge der Luft zu beachten. In dem Mollier-h-x-Diagramm (Abb. 10-1) sind diese Beziehungen dargestellt.

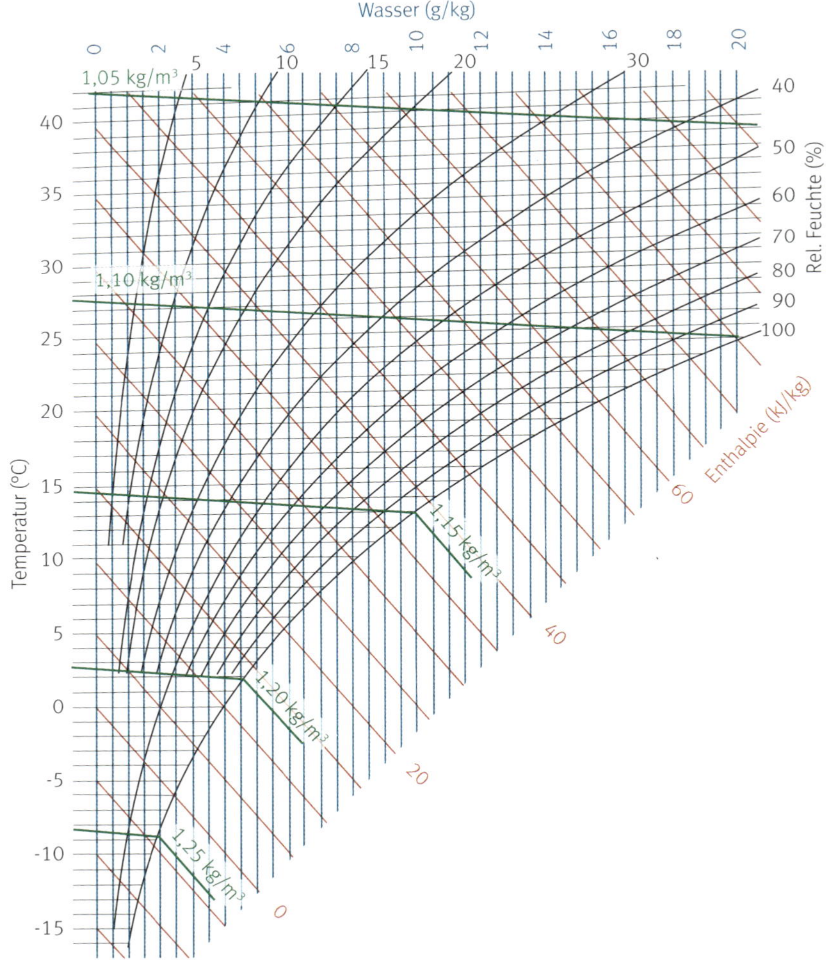

Abb. 10-1: Mollier-h-x-Diagramm für feuchte Luft

Dabei sind auf der Ordinate (y-Achse) die Temperaturen und auf dem Diagrammfeld die Linien für die relative Luftfeuchte vermerkt. Der Schnittpunkt der entsprechenden Linien gilt für einen bestimmten Luftzustand. Bei vertikaler Verbindung des Schnittpunkts mit der Skala der Abszisse (x-Achse) ist der Wasserdampfgehalt der Luft (x) in g/kg Luft ablesbar. Bei diagonaler Verbindung des Schnittpunkts von Lufttemperatur und relativer Luftfeuchte mit der Skala für die spezifische Enthalpie (h) ist die Wärmemenge in kJ/kg Luft zu bestimmen. Mithilfe dieser Werte ist die Eignung beliebiger Luftzustände für die Abtrocknung, Abkühlung oder Erwärmung eines Kartoffelstapels bestimmbar.

Es zeigt sich nach Abbildung 10-1, dass Luft verschiedener Temperaturen und relativer Luftfeuchte eine gleiche Wärmemenge haben kann (z. B. Luft mit 10 °C bei 90 % rel. LF und Luft mit 13 °C bei 60 % rel. LF) und entsprechend bei verschiedenen Luftzuständen der Wasserdampfgehalt gleich sein kann (z. B. Luft mit 10 °C bei 90 % rel. LF und Luft mit 15 °C bei 60 % rel. LF). Mit Rückgang der Temperatur bzw. der relativen Luftfeuchte bei gleicher Temperatur nimmt die Wärmemenge ab und es kann bei Belüftung dem Kartoffelstapel Wärme entzogen werden. Luft gleicher Wärmemenge kann aber auch einen unterschiedlichen Wasserdampfgehalt haben.

Je nach Differenz von Temperatur und Wassergehalt zwischen Zuluft und Stapelluft sowie dem Sättigungsdefizit der Zuluft stellt sich ein Wärme- und Stoffaustausch ein. Die Vorgänge der Verdunstung und der Kondensation sind immer im Zusammenhang mit der jeweiligen Temperatur und der absoluten Feuchte der Luft zu sehen. Wärmere Luft kann eine größere Wassermenge (in g je kg bzw. m^3 trockener Luft) aufnehmen als Luft mit geringerer Temperatur. Feuchte Luft hat eine geringere Dichte als trockene Luft (Tab. 10-1).

Tab. 10-1: Luftdichte und Wassergehalt der Luft (Quelle: Pötke, 1980)

Lufttemperatur T (°C)	Dichte trockener Luft (kg/m³)	Dichte gesättigter Luft (kg/m³)	Wassergehalt bei gesättigter Luft (g/kg)
2	1,284	1,281	4,37
3	1,279	1,275	4,70
4	1,275	1,271	5,03
5	1,270	1,266	5,40
6	1,265	1,261	6,01
7	1,261	1,256	6,21
8	1,256	1,251	6,65
9	1,252	1,247	7,13
10	1,248	1,242	7,63
11	1,243	1,237	8,15
12	1,239	1,232	8,75
13	1,235	1,228	9,35
14	1,230	1,223	9,97
15	1,226	1,218	10,6
16	1,222	1,214	11,4
17	1,217	1,208	12,1
18	1,213	1,204	12,9
19	1,209	1,200	13,8
20	1,205	1,195	14,7

Tab. 10-2: Wassergehalt in der Luft (g/m³) in Abhängigkeit von Temperatur und relativer Feuchte (die Zahlenangaben weichen bei verschiedenen Autoren geringfügig voneinander ab)

Temperatur in °C	% relative Feuchte							
	30	40	50	60	70	80	90	100
2	1,5	2,0	2,5	3,0	3,5	4,0	4,5	5,0
3	1,8	2,4	2,8	3,3	4,0	4,5	5,0	5,5
4	1,9	2,6	3,1	3,6	4,4	5,0	5,4	6,2
5	2,0	2,8	3,5	4,0	4,9	5,5	6,1	7,0
6	2,2	3,0	3,6	4,4	5,1	6,0	6,5	7,5
7	2,4	3,2	3,8	4,7	5,4	6,2	7,0	8,0
8	2,6	3,4	4,2	5,0	6,0	6,7	7,5	8,3
9	2,8	3,7	4,6	5,4	6,4	7,1	7,9	9,0
10	3,0	3,9	4,8	5,8	6,8	7,7	8,6	9,5
11	3,1	4,1	5,0	6,1	7,1	8,0	9,0	10,0
12	3,2	4,2	5,3	6,3	7,4	8,5	9,6	10,8
13	3,4	4,4	5,7	6,9	8,0	9,1	10,2	11,3
14	3,6	4,6	6,0	7,4	8,4	9,5	11,0	12,1
15	4,0	5,0	6,3	7,9	9,0	10,1	11,5	13,0
16	4,2	5,2	6,8	8,1	9,5	11,0	12,2	13,8
17	4,4	5,8	7,3	8,8	10,0	11,5	13,0	14,6
18	4,6	6,1	7,8	9,1	10,8	12,5	13,9	15,2
19	4,8	6,5	8,0	9,5	11,2	13,0	14,5	16,1
20	5,0	7,0	8,5	10,3	12,0	13,8	15,5	17,1

Das Verhältnis zwischen tatsächlich in der Luft enthaltener zu maximal aufnehmbarer Wassermenge (Wasserdampf) wird als **relative Luftfeuchte** bezeichnet. Die Sättigungskurve der Luft für Wasserdampf entspricht für alle Temperaturen einer relativen Luftfeuchte von 100 %. Enthält z. B. 1 m³ Luft mit 20 °C 12 g Wasser als Dampf, entspricht dieser Zustand einer relativen Luftfeuchte von 70 % (Tab. 10-2).

Nach Abkühlung dieser Luft auf 14 °C wird bei gleicher absoluter Wassermenge eine relative Luftfeuchte von 100 % und damit der Taupunkt erreicht. Nach weiterer Abkühlung auf z. B. 10 °C kann die Luft nur noch maximal 9,5 g Wasser aufnehmen und die überzählige Wassermenge von 2,6 g schlägt sich als Kondensat nieder. Umgekehrt geht mit Erwärmung der Luft die relative Luftfeuchte zurück (ca. 5 % je 1K).

Aus Tabelle 10-3 gehen die Taupunkttemperaturen für den Temperaturbereich von +2 °C bis +20 °C hervor. Daraus lässt sich ablesen, wie sich in Abhängigkeit

Tab. 10-3: Taupunkttemperaturen in Abhängigkeit von Temperatur und Luftfeuchte (die Zahlenangaben weichen bei verschiedenen Quellen geringfügig voneinander ab)

Temperatur in °C	% relative Feuchte							
	60	70	80	84	88	92	96	100
2							1,4	2,0
3					1,2	1.8	2,4	3,0
4			0,9	1,6	2,2	2,8	3,4	4,0
5			1,9	2,5	3,2	3,8	4,4	5,0
6		1,0	2,8	3,5	4,2	4,8	5,4	6,0
7		2,0	3,8	4,5	5,2	5,8	6,4	7,0
8	0,8	2,9	4,8	5,5	6,2	6,8	7,4	8,0
9	1,7	3,9	5,8	6,5	7,1	7,8	8,4	9,0
10	2,7	4,8	6,7	7,5	8,1	8,8	9,4	10,0
11	3,6	5,8	7,7	8,4	9,1	9,8	10,4	11,0
12	4,6	6,8	8,7	9,4	10,1	10,8	11,4	12,0
13	5,5	7,7	9,7	10,4	11,1	11,7	12,4	13,0
14	6,5	8,7	10,7	11,4	12,1	12,7	13,4	14,0
15	7,4	9,7	11,6	12,4	13,1	13,7	14,4	15,0
16	8,4	10,6	12,6	13,3	14,0	14,7	15,4	16,0
17	9,3	11,6	13,6	14,3	15,0	15,7	16,4	17,0
18	10,3	12,5	14,6	15,3	16,0	16,7	17,4	18,0
19	11,2	13,5	15,5	16,3	17,0	17,7	18,4	19,4
20	12,1	14,5	16,5	17,3	18,0	18,7	19,4	20,0

von Temperatur und Luftfeuchte der Zuluft einerseits und der Knollentemperatur andererseits an den Knollen Kondensat niederschlägt.

Ungesättigte Luft zieht Wasserdampf von jeder feuchten Oberfläche ab, um sich zu sättigen. Abtrocknung eines Kartoffelstapels ist nur möglich, wenn die absolute Feuchte der Zuluft unter der der Stapelluft liegt. Abkühlung eines Kartoffelstapels ist nur möglich, wenn die Wärmemenge der Zuluft geringer ist, als die Wärmemenge der Luft im Stapel.

Bei Beachtung dieser Zusammenhänge wird deutlich, dass für die Belüftung zur Abtrocknung und Abkühlung nur Zuluft infrage kommt, deren absoluter Wassergehalt kleiner als der der Stapelluft ist. Mit kälterer Zuluft höherer relativer Luftfeuchte ist jedoch eine Abtrocknung erreichbar, solange sich diese beim Durchströmen des Kartoffelstapels erwärmt und dann wieder Feuchtigkeit aufnehmen kann.

Somit wird gesichert, dass der Übergang von Wasserdampf aus dem Kartoffelstapel an den Luftstrom vonstatten geht und nicht umgekehrt. Unerwünschte

Trocknen – ja oder nein?

Wert A:

- Produkt-Temperatur
- rel. Feuchtigkeit Produkt

Wert B:

- Luft-Temperatur
- rel. Feuchtigkeit Luft

Wenn Wert B niedriger ist als Wert A, dann **trocknen**.

Beispiel:
Produkt 15 °C – 100 % = 12,9 g/m³
Außen 12 °C – 100 % = 10,7 g/m³
12,9 – 10,7 = 2,2 g/m³ → **trocknen**

Produkt 15 °C – 100 % = 12,9 g/m³
Außen 17 °C – 90 % = 13,1 g/m³
12,9 – 10,7 = -0,2 g/m³ → **nicht trocknen**

Kondensation an den Kartoffeln tritt nur auf, wenn durch Lüftungsfehler warme feuchte Luft mit kälteren Kartoffeln in Berührung kommt und dabei der Taupunkt erreicht und unterschritten wird.

Da in einer eingelagerten Partie meist eine relative Luftfeuchte von deutlich über 90 % anzutreffen ist, kommt es in der Mehrheit der Fälle bei der Belüftung darauf an, mit im Vergleich zur Stapeltemperatur kälterer Luft den angestrebten Temperaturzustand bei gleichzeitiger Abfuhr zu hoher Feuchte zu erreichen. Diese Gesetzmäßigkeiten finden auch in den Programmen der Lüftungsautomaten Berücksichtigung.

Bei der Belüftung von Kartoffeln sind neben diesen genannten Gesetzmäßigkeiten noch weitere Einflussgrößen zu beachten. Das betrifft mögliche Luftveränderungen der Zuluft, die Dauer und Intensität der Belüftung sowie die Einhaltung zulässiger Grenzwerte.

Die Parameter der Zuluft sind gegenüber den Parametern der Außenluft durch die Einrichtungen der Luftförderung und Luftverteilung Änderungen unterworfen. Von den Elektro-Motoren der installierten Axialventilatoren wird an den Luftstrom eine bestimmte Wärmemenge übertragen, die je nach Bauart und Betriebspunkt, eine Erhöhung der Temperatur von 0,3 bis 1,0 K bewirken kann. Durch den Zutritt von »Falschluft« an Luftklappen, bei Mischluftbetrieb und beim Durchströmen des Kartoffelstapels ändern sich unvermeidbar Temperatur und Luftfeuchte, sodass nur durch Messungen an verschiedenen Messpunkten die Eignung und Effizienz der Lüftung zu beurteilen sind.

Die erforderliche Abführung der unerwünschten Stoffwechselprodukte Wasser und CO_2 ist auf ein Maß zu begrenzen, das überhöhte Masseverluste durch Schwund ausschließt. Auch hier gilt die Regel: Lüften nur so viel wie nötig, das heißt, die Kapazität der Lüftungsanlage muss auf die Phase höchsten Bedarfs in Dauerbetrieb ausgerichtet sein, aber für lange Zeiträume ist kurzzeitiger Intervallbetrieb mit geringerer Luftmenge ausreichend.

11 Einsatz technischer Kälte

Bei früher Einlagerung im August und bei Lagerzeiten länger als April sind die erforderlichen niedrigen Außentemperaturen für eine gleichmäßige Temperaturführung im Lager meist nicht gegeben. Weiterhin ist es, bedingt durch die Klimaerwärmung in den letzten Jahrzehnten, zunehmend problematischer geworden, eine traditionelle Kaltlagerung mit Außenluft über die gesamte Lagerperiode zu sichern. Daher werden zunehmend Kartoffellager mit Kühlsystemen ausgestattet, die zwar höhere Investitions-, Instandhaltungs- und Betriebskosten erfordern, es jedoch ermöglichen, Kartoffeln mit gleichbleibend hoher Qualität für einen langen Zeitraum zu liefern. Durch die Sicherung hoher Qualität kann ein höherer Erlös erwartet werden.

Technologische Lösungen zum Einsatz technischer Kälte

Eine **Kälteanlage** ist ein geschlossenes System, das grundsätzlich aus folgenden vier Hauptkomponenten besteht – Kältemittelverdichter, Verflüssiger, Expansionsventil und Verdampfer (Abb. 11-1). Alle vier Bauteile sind durch Leitungen miteinander verbunden.

Das **Kältemittel**, das diesen Kreislauf durchströmt, dient als Arbeitsmittel. Es handelt sich dabei immer um Stoffe, die einen sehr niedrigen Siedepunkt haben, damit sie bei Temperaturen um 20 °C und mehr bei normalem atmosphärischen Druck sofort verdampfen (Aggregatzustandsänderung).

An ein ideales Kältemittel werden zahlreiche Anforderungen gestellt, wie:

- geringes Dampfvolumen, damit die volumetrische Leistung der Verdichter gering bleiben kann,
- möglichst Unbrennbarkeit (neue LoW GWP-Kältemittel sind allerdings brennbar),

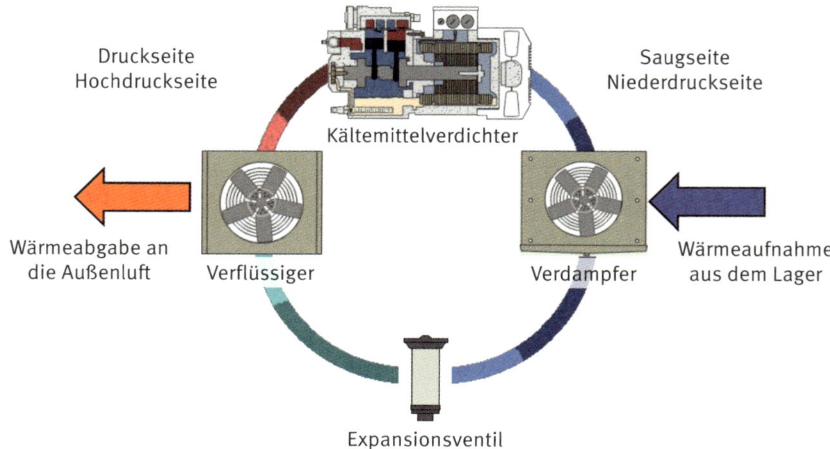

Abb. 11-1: Hauptbaugruppen einer Kälteanlage

- gutes Mischungsverhältnis gegenüber Öl,
- Ungiftigkeit, kein schädlicher Einfluss bei Berührung mit Lebensmitteln,
- großer volumetrischer Kältegewinn, damit der notwendige Kältemittel-Massenstrom möglichst gering bleibt,
- möglichst kein Einfluss auf die Ozonschicht der Stratosphäre, Einsatz natürlicher Kältemittel, wie NH_3, R290, H_2O, CO_2.

Der **Verdichter** (Abb. 11-2) ist das »Herz« der Kälteanlage.
Die Zustandsveränderungen:

- Verdichtung
- Verflüssigung
- Expansion
- Verdampfung

sind in den folgenden Darstellungen in einer Funktionskurve zu sehen. Auf der y-Achse der Abbildung ist der Druckverlauf im System in **bar** dargestellt. Die x-Kurve zeigt den Verlauf der spezifischen Enthalpie in kJ/kg. Enthalpie bedeutet Wärmeenergie-Inhalt.

Kältemittel-verdichter

Mechanische Verdichtung und Förderung von gasförmigen Kältemitteln

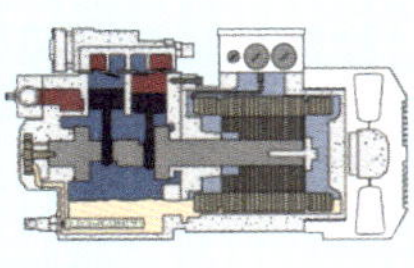

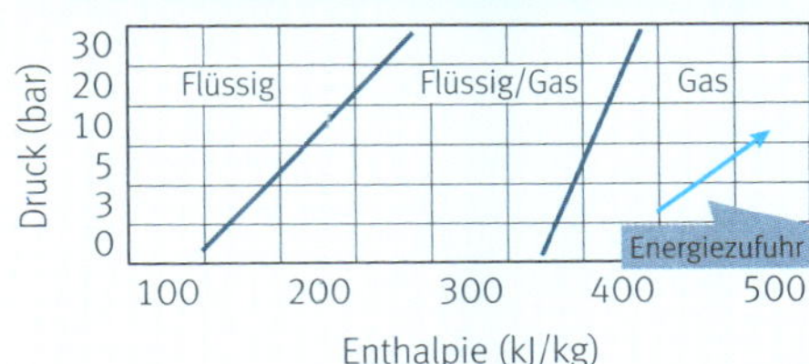

Abb. 11-2: Funktionen und Funktionskurve eines Kältemittelverdichters

Wird einem Stoff Wärme zugeführt, nimmt sein Wärmeinhalt, die »Enthalpie« zu. So ist die Enthalpie eines gasförmigen Stoffs größer als die des gleichen Stoffs im flüssigen Zustand.

Enthalpie also ist die Summe der latenten (verborgenen) und der sensiblen (fühlbaren) Wärmemengen in dem Kreislauf. Links der Funktionskurve ist alles flüssig, rechts von ihr ist alles gasförmig. In der Mitte ist sowohl flüssiges als auch gasförmiges Kältemittel vorhanden.

Der Kältemittelverdichter wird von einem im gemeinsamen Gehäuse eingebauten oder am Verdichtergehäuse angeflanschten Elektromotor angetrieben. Der Verdichter dient zur mechanischen Verdichtung und Förderung von dampf- bzw. gasförmigem Kältemittel auf Verflüssigungsniveau. Um seine Arbeit verrichten zu können, muss dem Verdichter Energie zugeführt werden.

Verflüssiger

Wärmeaustausch in drei Stufen:

- Überhitztem Heißgas Wärme entziehen
- Verflüssigung
- Unterkühlung

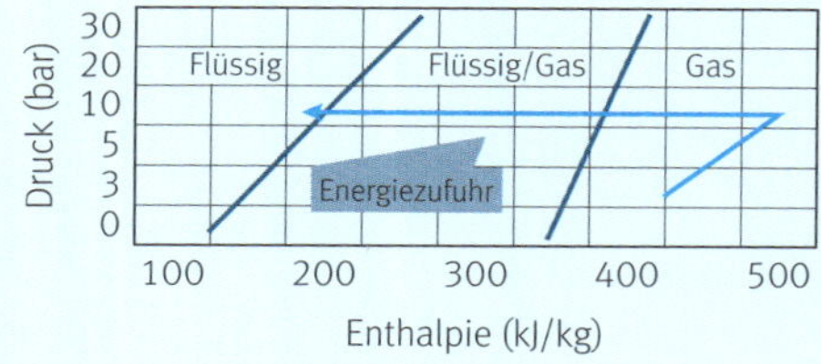

Abb. 11-3: Funktionen und Funktionskurve eines Verflüssigers (Kondensators)

Abb. 11-4: Verflüssigungssatz

Diese Energie wird beim Verdichtungsprozess wiederum auf das Kältemittel überführt. Aufgrund der zugeführten Verdichtungsenergie verlässt das Kältemittel den Verdichter unter hohem Druck und in einem stark überhitzten, gasförmigen Zustand.

Das zweite Bauteil in diesem Kreislauf ist der **Verflüssiger (Kondensator)** (Abb. 11-3 und 11-4).

Kondensatoren sind Wärmetauscher. Sie haben die Aufgabe, die aus dem Kühlgut und Verdichtungsprozess aufgenommene Wärme durch Wärmeabfuhr an ein Kühlmedium (meist Luft oder Wasser) abzugeben. Die Verflüssigung (Kondensation) des Kältemittels durchläuft dabei drei Phasen.

- Zunächst wird dem überhitzten Heißgas – bei der Überhitzungstemperatur – die Arbeitswärme entzogen.
- In der zweiten Phase findet – bei der Kondensationstemperatur – die eigentliche Kondensation statt.
- Die dritte Phase ist die Abkühlung: Das verflüssigte Kältemittel wird unterkühlt, um zu verhindern, dass sich auf dem Weg zum Expansionsventil Gasblasen bilden und außerdem nach dem Transport durch die Flüssigkeitsleitung auch reine Flüssigkeit vor dem Expansionsventil ansteht.

Der Kältemittelverdichter und der Verflüssiger sind außerhalb des Lagerraums installiert und geben hier die Wärme an die Umgebung ab.

Dabei ist auf möglichst kurze Verbindungsleitungslängen zu achten. Längere Leitungen erhöhen die Investitionskosten und verursachen Leistungsverluste, die durch größere Leitungsquerschnitte kompensiert werden müssen – was wiederum die Kosten erhöht.

Das **Expansionsventil** als dritte Station auf dem Kreislauf des Kältemittels (Abb. 11-5) ist die »Trennstelle« zwischen der »Hochdruckseite« und der »Niederdruckseite«. Die Aufgabe des Expansionsventils ist es, das unter hohem Verflüssigungsdruck stehende Kältemittel auf den niedrigen Verdampfungsdruck zu entspannen (Düseneffekt). Dabei ändert sich der Aggregatzustand von flüssig in gasförmig bei tiefer Temperatur.

Das Expansionsventil regelt die eingespritzte Kältemittelmenge temperaturabhängig. Die herkömmlichen thermostatischen Expansionsventile sind heute weitgehend durch elektronische ersetzt worden, da sie konstantere Temperaturen einhalten und weniger Vordruck durch den Verdichter benötigen. Dadurch ergibt sich auch noch eine hohe Energieeinsparung.

Auf der letzten Station gelangt das Kältemittel nun in den **Verdampfer** (Abb. 11-6).

Verdampfer sind Wärmetauscher. Die Richtung des Wärmeflusses bei der Verdampfung ist jedoch umgekehrt wie bei der Kondensation, weil dem Kühlraum durch Verdampfung Wärme entzogen wird.

Entsprechend der Darstellung in der Funktionskurve befindet sich das Kältemittel im Verdampfer in einem Flüssig-Gas-Gemisch und siedet unter Wärmeaufnahme vollständig in den gasförmigen Zustand und steht nun dem Verdichter zur erneuten Absaugung zur Verfügung.

Der oder die Verdampfer einer Kälteanlage sind im Lagerraum meist unter der Decke angeordnet und kühlen hier die Raumluft ab. Über die Ventilatoren wird die erzeugte Kälte dann in kurzen Be-

Expansionsventil

- Kältemittel entspannen auf niedrigen Verdampfungsdruck
- Änderung Aggregatzustand und Verdampfung bei tiefer Temperatur

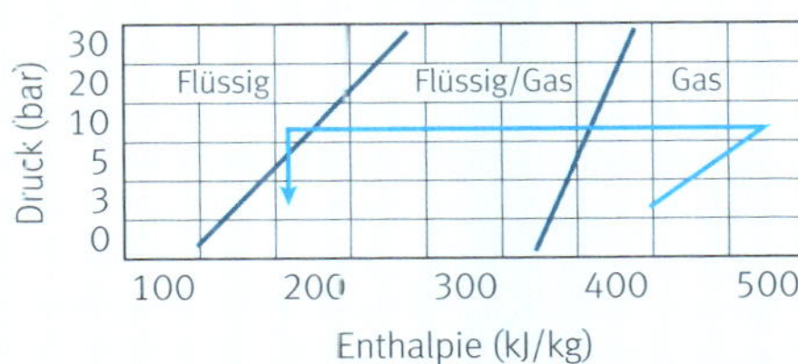

Abb. 11-5: Funktionen und Funktionskurve eines Expansionsventils

Verdampfer

- Wärme austauschen
- Zur Verdampfung wird Wärme aus der Umgebung benutzt

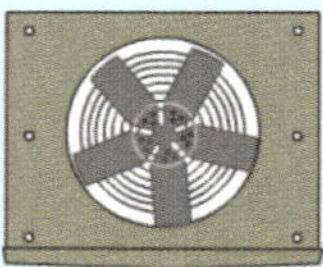

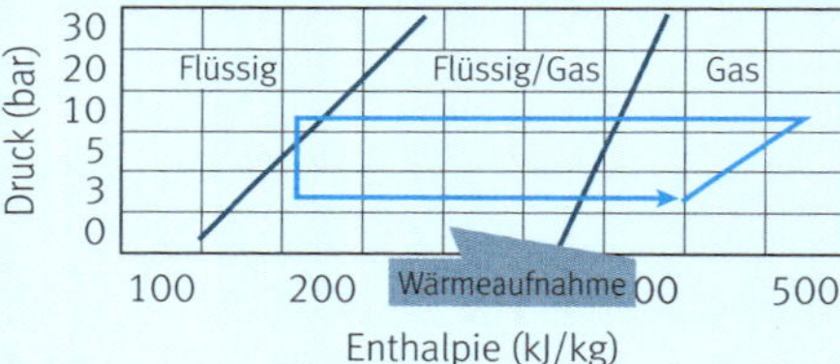

Abb. 11-6: Funktionen und Funktionskurve eines Kältemittelverdampfers

lüftungsintervallen in den Kartoffelstapel oder in die Kisten verteilt.

Varianten zum Einsatz der technischen Kälte

Neben der Zielstellung der Erlangung eines optimalen Klimazustandes, unabhängig von der verfügbaren Außenluft, soll bei allen von der Industrie verfügbaren technischen Lösungen immer ein tragfähiger Kompromiss aus der Sicht der Gesamtökonomie unter Einbezug der Kosten für die Investition im Vordergrund stehen.

Die in der Landwirtschaft am häufigsten anzutreffende Kühlung ist die fest installierte, **direkte Kältemittelverdampfung mit Kompressionskälteanlagen**. Alle Komponenten des Zubehörs, wie Verdichter, Kondensator und Verdampfer, sind über Rohrleitungen fest verbunden und werden von einem Kältemittel durchströmt. Der Vorteil dieses Systems liegt u. a. in der optimalen Platzierung der Verdampfer außerhalb oder im Kühlraum und in der gezielten Abstimmung des Kältebedarfs. Allerdings besteht hier auch ein gewisses Risiko an Leckagen im Rohrleitungssystem.

Die Geräte zur Wandmontage (Abb. 11-7) oder als Standgerät können bei Kistenlagern mit Raumbelüftung von 30 bis 1 500 Tonnen Kapazität pro Gerät als anschlussfertige Kälteaggregate mit Ventilator und kombinierter Außen-/Umluftklappe zum Einsatz kommen.

Die Kühler der neuen Generation haben elektronisch steuerbare Expansionsventile und EC-Ventilatoren. Den Vorteil dieser Technologie zeigt das Gaugele »efficient green« Siegel: Die hohe Energieeffizienz, also die größere Kälte- und Luftleistung, bei gleichem Energieverbrauch. Außerdem kann die Kühlleistung wesentlich genauer gesteuert (drehzahlgeregelte Verdichter) und so die Kühlertemperatur der Belüftungsluft produktschonend angepasst werden.

Eine weitere Möglichkeit zum Einsatz einer Kühlung ist die sogenannte »indirekte Kühlung«.

Bei der **indirekten Kühlung mit Absorptionskälteanlagen** wird ein Kälteträger, also eine Kühlsole, abgekühlt und mittels Pumpen zum Ort des Kühlbedarfs geführt (Abb. 11-7 und 11-10).

Abb. 11-7: LKH-Kompaktkühler außen

Der ursprüngliche Verdampfer im Kühllager wird bei diesem System zu einem Luft-/Sole-Wärmeüberträger. Die Abwärme der Kühlstelle wird von der Sole aufgenommen und strömt mit dieser zurück zu einem Hydro-Modul. In diesem Hydro-Modul befinden sich Kühlschlangen des Kältemittelexpansionssystems, sodass hier die Abwärme auf den konventionellen Kühlkreislauf übertragen wird. Im Gegensatz zu Anlagen, in denen das Kältemittel am Ort des Kühlbedarfs direkt verdampft wird, lassen sich mittels indirekter Kühlung 80 bis 90 % der Kältemittelmenge einsparen, da sich der Kältemittelkreislauf auf die reine Sole-Kühlanlage konzentriert.

Ein wesentlicher Vorteil dieses Systems liegt in der besseren Regelung am Kühler im Lagerhaus, da die Soletemperatur der Produkttemperatur angepasst werden kann.

Damit lassen sich folgende Effekte erzielen:

- geringerer Gewichtsverlust des Lagerguts,
- höhere Vitalität der Ware,
- weniger Schälverluste in der Verarbeitung.

Abb. 11-8: LKH-Kompaktkühler innen

Stationär als Sole-System

- Kühlkreislauf
- Sole-Kreislauf

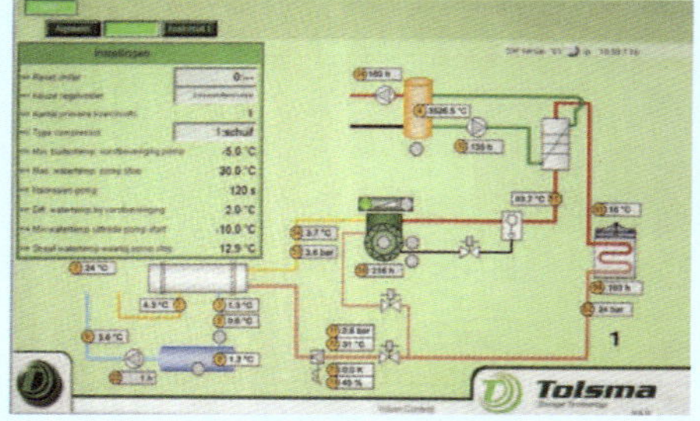

Abb. 11-9: Indirekte Kühlung über Sole

Abb. 11-10: Sole-Kühlung

Eine dritte Variante zum Einsatz der technischen Kühlung in der Landwirtschaft stellt die **mobile, mechanische Kühlung** dar. Solche Kompaktkühler beinhalten alle Bauteile der Expansionskühlung in einem Gehäuse.

Mit dieser Technik gibt es auch komplett installierte, steckerfertige Kompaktkühlanlagen (Abb. 11-11 und 11-12). Sie reduzieren den Montageaufwand in der Lagerhalle auf ein Minimum. Es ist lediglich eine entsprechende Aussparung in der Außenwand zu erstellen. Die Kälteanlage wird mit dem Verflüssiger nach außen installiert.

So haben die Geräte der neueren Generation elektronisch stufenlos steuerbare Verdichter- und elektrische Expansionsventile mit überdurchschnittlich großen Verdampferflächen von 125 bis 500 m². Dadurch wird die Belüftungsluft extrem wenig entfeuchtet, beim Lagergut bleibt der Zellinnendruck erhalten und die Knollen länger frisch. Der wichtigste Vorteil ist die bis zu 30 % bessere Energieeffizienz, also bei gleichem Energieverbrauch eine höhere Kälteleistung. Außerdem kann die Kühlleistung wesentlich genauer gesteuert, also die Temperatur der Belüftungsluft den durch das Lagerklima geforderten Temperaturen produktschonend stufenlos angepasst werden. Diese Anlagen sind mit Außen-/Mischluft kombinierbar und damit eine kostengünstige Alternative zu getrennten Lüftungs- und Kühlanlagen. Sie sind sinnvoll nur für Kistenlager mit Raumbelüftung einsetzbar.

Bei der Konzipierung dieser Anlagen sollte darauf geachtet werden, dass die Verdampferflächen auf eine wenig entfeuchtende Größe ausgelegt werden.

Die Luftleistung der Belüftungsventilatoren muss den Kühlanforderungen des Verdampfers und der effektiven Außenbelüftung angepasst sein.

Das gesamte System wird bereits im Werk fertiggestellt, sodass nur der elektrische Anschluss vor Ort erfolgen muss.

Für den Verflüssiger ist eine Wandöffnung herzustellen, um die Wärme nach außen abzuführen.

Kompaktkühler dieser Bauart werden von 20 bis 120 kW Kühlleistung angeboten. Als Vorteile dieses Systems können folgende Punkte aufgelistet werden:

- Geringer Planungsaufwand
- Geringe Wartungskosten, da das gesamte System in einem Gehäuse installiert ist.
- Hoher Wiederverkaufswert, da keine Demontage/Montage erforderlich ist.

Abb. 11-11: Der Kombikühler mit Ventilator und Außen-/Umluftklappe kommt für die Kisten-Raumbelüftung zum Einsatz.

Abb. 11-12: LKS-Kompaktkühler

Planung einer Kälteanlage im Lagerhaus

Die Planung der Kapazität einer mechanischen Kühlung richtet sich nach dem Kältebedarf des gesamten Lagerraums. Berücksichtigt werden muss hier in erster Linie das zu kühlende Produkt, da dieses die Hauptwärmequelle darstellt. So benötigen Kartoffeln eine spezifische Kälteleistung von etwa 80 W/t Produkt.

Neben dem des zu kühlenden Produkts richtet sich die zu installierende Leistung einer Kälteanlage nach dem Kältebedarf aus dem Lagerraum. Dieser wird durch die nachstehenden Wärmequellen bestimmt:

- Feld- und Verpackungswärme,
- Atmungswärme,
- Einstrahlungswärme,
- Luftwechsel,
- Ventilations- und Motorenwärme,
- Beleuchtungs- und Staplerwärme.

Ebenso wird die Auslegung der Kälteanlage durch die Tatsache bestimmt, dass die Verdampfer eine bestimmte Zeit zum Abtauen benötigen. Das beschränkt die Zeit der kontinuierlichen Kühlung.

Unter Beachtung aller Einflussfaktoren werden Kälteanlagen heute mit ca. 60 bis 80 W/t als unterstützende Kühlung ausgelegt, das heißt, dass eine Belüftungsanlage mit Außenluft zur Abkühlung vorhanden sein muss.

Ebenso wichtig ist die Berücksichtigung des jeweiligen U-Werts des Gebäudes, da hierbei auf äußere Temperaturquellen Einfluss genommen werden kann.

In der Praxis wird hierbei ein U-Wert von 0,2 W/m²K im Dachbereich und 0,22 bis 0,28 W/m²K im Wandbereich geplant.

Aber auch weitere Wärmequellen, wie zum Beispiel die Innenbeleuchtung, die Wär-

Dämmung: U-Werte des Gebäudes (Wand, Decke, Boden)

- Isolationsmaterial
  - U-Wert 0,20/0,22
- In der Praxis
  - 100 mm Polyurethan/Sandwich-Paneele
  - 160 mm Polystyrol/Mineralwolle
  - Schaumtechnik

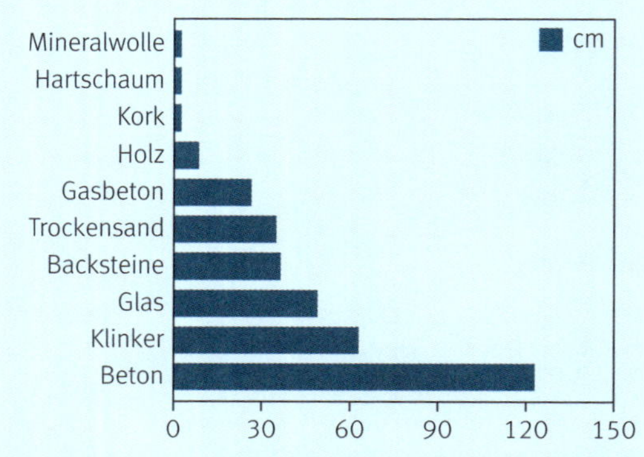

Abb. 11-13: Unterschiedliche Isoliermaterialien zur Lagerdämmung mit den erforderlichen Wandstärken

mequelle eines Gabelstaplers sowie der Luftwechsel durch zeitweiliges Begehen werden heute in speziellen Rechenprogrammen einbezogen.

Wenn eine zentrale Kältemaschine mehrere Lagerräume (4 oder mehr) kühlt, kann die Kälteleistung weiter reduziert werden, da der Faktor der Gleichzeitigkeit der Kühlung für alle Räume maximal 80 bis 75 % beträgt. Oft liegt er noch darunter. Die Kältemaschine kann dann auf einen sehr geringen Wert für das gesamte Lager reduziert werden.

Die technische Auswahl der zum Kältekreislauf gehörenden Bauteile, bezogen auf den jeweiligen Verwendungszweck, sollte in der Phase der Planung besonders sorgfältig erfolgen.

So kann zum Beispiel eine Leistungsschaltung des **Verdichters** eine hohe Einsparung bei den Strompreisen bewirken (bei stufenloser Leistungsregelung von 25 bis 100 %).

Die Bauweise eines halb-hermetischen Verdichters ermöglicht einen besseren Zugang zu Verschleißteilen als bei einem voll-hermetischen Verdichter. Dieser ist zwar preiswerter in der Anschaffung, müsste aber im Havariefall oftmals komplett ersetzt werden. Meist ist eine Instandsetzung teurer als ein neuer Verdichter.

Der **Verdampfer** ist das Bauteil mit entscheidendem Einfluss auf das Lagerklima. Bekanntlich beträgt die Luftfeuchtigkeit in einem Kartoffellager ca. 90 bis

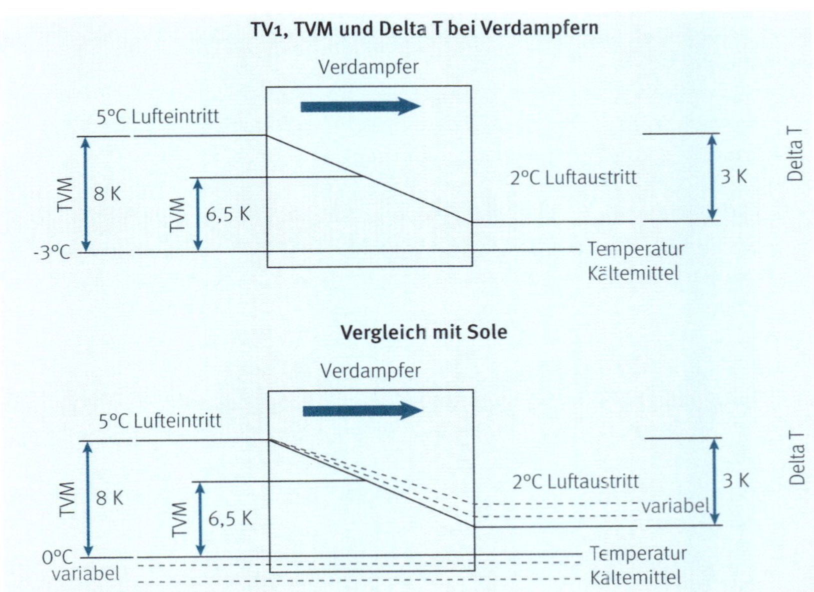

Abb. 11-14: Wirkungsgrade von Verdampfern be unterschiedlichen Kühlsystemen (Quelle: Tolsma-Grisnich)

93 %. Jede Art der Abkühlung bedeutet auch immer Feuchtigkeitsentzug aus dem Lager und letztendlich einen Gewichtsverlust am Produkt.

So haben neben der Kühlfläche eines Verdampfers als Vergleichskriterium auch die Werte TV1, TVM und Delta T einen sehr großen Einfluss auf das Klima im Lager. Hier wird der positive Einfluss einer Sole-Kühlung mit regelbarem TD1-Wert unmittelbar sichtbar (Abb. 11-14).

Geringe Temperaturdifferenzen bewirken eine geringe Entfeuchtung.

Die Verdampfer sind das wichtigste Bauteil für das Klima im Lager. Durch sie wird die Luft abgekühlt. Durch die hohe Luftfeuchtigkeit im Lager von über 90 % kondensiert die Luft bei der Abkühlung im Verdampfer entsprechend. Dieses Kondensat wird über eine Leitung nach außen abgeführt.

Teilweise kann das Kondensat auch dem Lagerklima wieder zugeführt werden, indem man es im Kistenlager auf den Boden oder im Flächenlager in die Unterflurkanäle laufen lässt. Von dort kann es dann verdunsten und kommt der Raumfeuchte wieder zugute.

Der Wasserentzug allerdings geht zu Lasten der Substanz der Kartoffel, bedeutet damit Gewichtsverlust und gleichzeitig Qualitätsverlust und ist deshalb so gering wie möglich zu halten.

Dabei gilt, je größer die Temperaturdifferenz zwischen Lagerraumluft und Verdampferoberfläche ist, desto stärker ist die Austrocknung. Diese Differenz soll deshalb nicht mehr als 6 K betragen. Die geringere Temperaturdifferenz bedeutet eine Zunahme der Kühlfläche des Verdampfers, um die gleiche Kühlleistung zu erreichen.

Dadurch ergibt sich auch der Temperaturunterschied zwischen der ein- und austretenden Luft im Verdampfer. Er soll nicht mehr als 2 bis 3 K betragen.

Bei niedrigen Lagertemperaturen bildet sich im laufenden Betrieb eine Reifschicht auf der Oberfläche des Verdampfers. Diese muss in bestimmten Intervallen abgetaut werden. Im Kartoffellager reicht das Abtauen mit Umluft, die in der Regel über 3 °C warm ist, aus. Die Kühlung wird für eine bestimmte Zeit abgeschaltet, nur die Verdampferlüfter laufen auf Umluftbetrieb weiter und tauen mit der warmen Hallenluft die Verdampferoberfläche ab. Dieses Verfahren ist preisgünstiger als das Abtauen mit Heißgas oder elektrisch erzeugter Wärme, nimmt aber mehr Zeit in Anspruch.

Während reiner Kühlphasen im Kartoffellager ohne Außenbelüftung reichert sich die Luft mit dem Veratmungsgas CO_2 an, das langfristig zu einer schnelleren physiologischen Alterung der Knollen führt. Deshalb ist auf periodische Erfrischungsbelüftung zu achten. Diese wird von den heutigen Regelungscomputern automatisch vorgenommen.

Das vor dem Verdampfer eingebaute **Expansionsventil** hat hier eine optimierende Aufgabe. Am besten gelingt diese Dosierung des flüssig/gasförmigen Kältemittels bei Eintritt in den Verdampfer durch eine elektronische Leistungsregelung.

Bei der Planung des Verflüssigers, dies ist das Bauteil, das für die Wärmeabfuhr aus dem System verantwortlich ist, muss unbedingt berücksichtigt werden, dass hier die Summe der aufgenommenen Wärmeenergie aus dem Lager sowie die durch den Verdichtungsprozess zugeführte Wärmeenergie abgeführt wird.

In der Praxis liegt die Leistung des Verflüssigers ca. 30 % über der erforderlichen Kälteleistung. Der Coefficient of Performance (COP-Wert) gibt Aufschluss über den Wirkungsgrad des Verdichters. Je größer der COP-Wert eines Verdichters bei gleicher Elektroleistung ist, desto höher ist die Kälteleistung am Verdampfer.

Wirtschaftlichkeit des Einsatzes von Kühlanlagen

Der Einsatz von technischer Kälte in Kartoffellagerhallen bringt entscheidende Vorteile mit sich.

- Die gleichmäßige Temperaturführung im Lager ist nicht mehr abhängig von der Außenluft.
- Auf den Einsatz von chemischer Keimhemmung kann unter Umständen verzichtet werden.
- Die physiologische Alterung der Kartoffel schreitet nicht so schnell voran. Die Knolle bleibt länger fest.
- Der Krankheitsdruck ist geringer. Silberschorf oder auch Fäulnis breiten sich bei niedrigen Temperaturen nicht so schnell aus und werden sogar gestoppt.
- Der Vermarktungszeitpunkt kann freier gewählt werden, etwa für Speisekartoffeln, die nach April ausgelagert und vermarktet werden sollen.
- Pflanzgut, das bereits früh im August geerntet wird, kann schneller abgekühlt und damit eine zu frühe Keimung verhindert werden.
- Durch eine gleichmäßige Temperaturführung reduzieren sich die Lagerungsverluste.

Temperaturabsenkung

Versuchsstation Dethlingen

Das Absenken der Lagerungstemperatur bewirkt eine verlangsamte Atmung der Knollen. Dabei sollte die tägliche Abkühlung bei Speise- und Pflanzkartoffeln 0,3 bis 0,5 °C nicht überschreiten, um den Stoffwechsel der Knollen langsam an die kälteren Temperaturen anzupassen. Bei Veredelungskartoffeln sind zur Vermeidung einer Zuckeranreicherung noch kleinere Schritte sinnvoll. Mit der Temperaturabnahme wird auch die möglichst lange Aufrechterhaltung der natürlichen Keimruhe unterstützt.

Mit einer maschinellen Kühlung kann die Temperaturabsenkung direkt nach der Wundheilung beginnen und kontinuierlich bis zum Erreichen der an der Verwertungsrichtung orientierten Dauerlagerungstemperatur fortgesetzt werden. Dies wirkt sich positiv auf die äußere Knollenqualität aus. Vor allem bei keimfreudigeren Sorten reduzieren sich zudem die Lagerungsverluste.

12 Automatisierung der Klimaführung

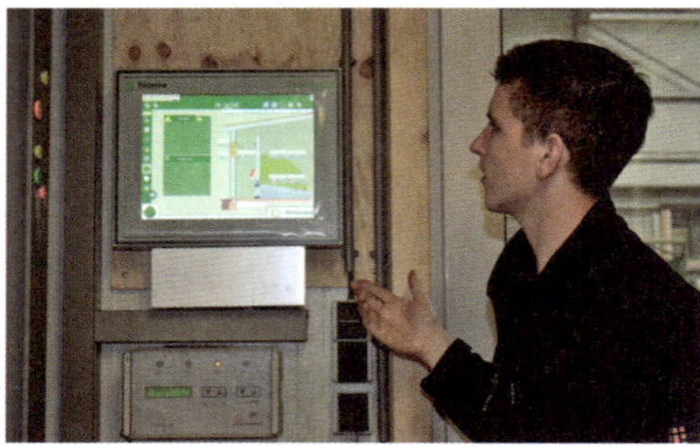

Abb. 12-1: Die Prozesstechnik steuert Ventilatoren, Klappen, Heizung und mechanische Kühlung auf Grundlage der gemessenen Temperatur, der relativen Luftfeuchtigkeit und des CO_2-Gehalts. Dadurch entsteht ein optimales Lagerklima.

Zur Qualitätserhaltung und Verlustminderung von Kartoffeln, besonders zur Langzeitlagerung, ist ein gut geregeltes Lagerklima erforderlich. Eine möglichst genau an die »Bedürfnisse« der Kartoffeln angepasste Klimaregelung, das heißt eine »optimale« Regelung, setzt weitreichende Kenntnisse über das Verhalten der Kartoffeln in der Lagerzelle unter wechselnden klimatischen Bedingungen und eine möglichst exakte Regelung und Messtechnik voraus. Moderne Lagerklimaregelungsautomaten erledigen diese komplexe Aufgabe selbstständig und entlasten dabei den Lagerhalter erheblich. Die zunehmende Leistungsfähigkeit moderner Rechen- und Prozesstechnik bietet immer mehr Möglichkeiten zu einer Optimierung der Klimaführung im Kartoffellager, in dem Sinne, dass Verluste und Energiebedarf gesenkt werden. Zudem ist es für den Lagerhalter eine wesentliche Erleichterung, wenn er vom Büro aus einen vollständigen Überblick über den klimatischen Verlauf im Lagerhaus erhält.

Wichtig für den Erhalt der Lagerfähigkeit der Kartoffeln sind die Sicherstellung der Lufttemperaturen und die Luftfeuchten. Ist keine maschinelle Kühlung im Lagerraum vorhanden, wird lediglich kühle Außenluft zur Kühlung der Kartoffeln genutzt. Der Klimaautomat regelt dabei selbstständig die Klappen und Lüfter, um die gewünschte Lagertemperatur zu erreichen und zu halten. Dies ist zuweilen schwierig, wenn es in warmen Nächten, selbst im Oktober, nicht gelingen kann, die Kartoffeln genügend schnell abzukühlen oder gegen Ende des Winters die Kartoffeln kühl zu halten. Ein aktueller Überblick über den Temperaturverlauf ist dann für den Lagerhalter auch von außerhalb des Lagerorts hilfreich, sogar notwendig, um gegebenenfalls Entscheidungen zu einem geeigneten Eingriff treffen zu können.

Der Komfort steigt, allerdings auch die Gefahr zu einer Unübersichtlichkeit der komplexen Einstell- und Anzeigemöglichkeiten, falls der Benutzer nicht bei der richtigen Einstellung des Automaten und bei der Auswertung der Daten unterstützt und beraten wird.

Die Erfahrungen zeigen, dass der Lagerhalter eine Klimaautomatisierung als nützlich empfindet, wenn die Anlage:

- transparent im Aufbau,
- übersichtlich,

- plausibel im Steuerungsverhalten,
- zuverlässig,
- fehlertolerant,
- benutzerfreundlich,
- energie- und kostensparend,
- verlustmindernd und
- fähig zur Sicherung der Qualität (Qualitätserhalt) sowie schließlich
- kostengünstig in der Investition und im Unterhalt

ist.

Klimaregelung

Die ersten Automaten beschränkten sich auf die Erfassung der Temperaturen im Stapel und Nachführung der Temperaturen durch Betätigen der Klappen und Lüfter. In der weiteren Entwicklung der Lagerklimaautomatisierung entstanden einfachste Automaten, die über einen Außentemperaturfühler und einen sogenannten **Produktfühler** verfügten, das heißt einen Fühler, der an einer geeigneten Stelle im Kartoffelstapel die Kartoffeltemperatur misst. Diese Automaten arbeiteten als **Differentialthermostat,** der über die Kartoffeltemperatur den **Lüftungsbedarf** und über die Temperaturdifferenz zwischen Außenluft und Kartoffeln die **Lüftungsmöglichkeit** ermittelt und danach die Lüfter und Klappen steuerte. Moderne Automaten verfügen dagegen über weitere und Regelungsmöglichkeiten. So haben die meisten Automaten die notwendigen Programme für die verschiedenen Lagerabschnitte, entsprechend den Betriebsarten Abtrocknen, Wundheilen, Abkühlen, Dauerlagern und schließlich Aufwärmen (Auslagern), die nach Bedarf vom Lagerhalter eingestellt werden können.

In jeder der eingestellten Betriebsart haben die Steuerungen folgende Aufgaben:

- Messung der Außentemperatur
- Messung der Außenluftfeuchte (falls vorhanden)
- Messung der Zulufttemperaturen in den Zuluftkanälen
- Messung der Zuluftfeuchten in den Zuluftkanälen (falls vorhanden)
- Messung der Kartoffeltemperaturen im Stapel
- Steuerung der Gebläse
- Steuerung der Luftklappen
- Fehlerermittlung und Störungsmeldung
- Klimaregelung nach gewählter Betriebsart (Lagerphase) gemäß einer »Regelungsvorschrift« (Algorithmus)

Die moderne Technik bietet immer neue Möglichkeiten, den Funktionsumfang zu erweitern und den Bedienungskomfort zu verbessern. So können die wichtigsten Messwerte auf einen Mausklick bzw. Touch sichtbar gemacht werden. Eine Störung kann sofort von der Anlage gemeldet werden, mit Angabe der Störungsursache, dem Zeitpunkt des Auftretens und mit Hinweisen auf deren

Behebung. Der Zustandsverlauf im Lager, das heißt Temperaturverläufe, Schaltzustände, Störungen usw., wird ständig erfasst und dauerhaft gespeichert. Einige auf dem Markt erhältliche Klimaautomaten verfügen über eine Technik zum Datenverbund und zur Datenübertragung über ein Modem zu einem Rechner oder Handy auch außerhalb des Lagerbetriebs mit passender Software für die Datendarstellung.

Als ein Beispiel für die Möglichkeiten moderner Regler soll das Gerät TMC.10 des Unternehmens Gaugele genannt sein (Abb. 12-2).

Der intelligente Regelalgorithmus analysiert die Entwicklung von Temperatur und Luftfeuchtigkeit der Umgebung, um das Lager bei optimaler Erhaltung der Produktfrische möglichst energiesparend zu bewirtschaften. Je nach Lagerprodukt und Lagerphase stehen bis zu 50 verschiedene Programme zur Verfügung. Eine intuitive Touch-Bedienoberfläche ermöglicht schnell und effektiv, den jeweiligen Lagerort perfekt für die Bedürfnisse des Produkts einzustellen. Der 10-Zoll-Bildschirm zeigt alle wichtigen Lagerparameter auf einen Blick und erlaubt eine exakte, lückenfreie Überwachung und Lagerdokumentation. Hochauflösende Grafen und Tabellen bieten die Möglichkeit, Trends zu erkennen und rechtzeitig schützend einzugreifen.

Der TMC.10 arbeitet mit einer Echtzeitleistungsüberwachung für ein präzises Energiemanagement. Durch den eingebauten Netzwerkanschluss ist es

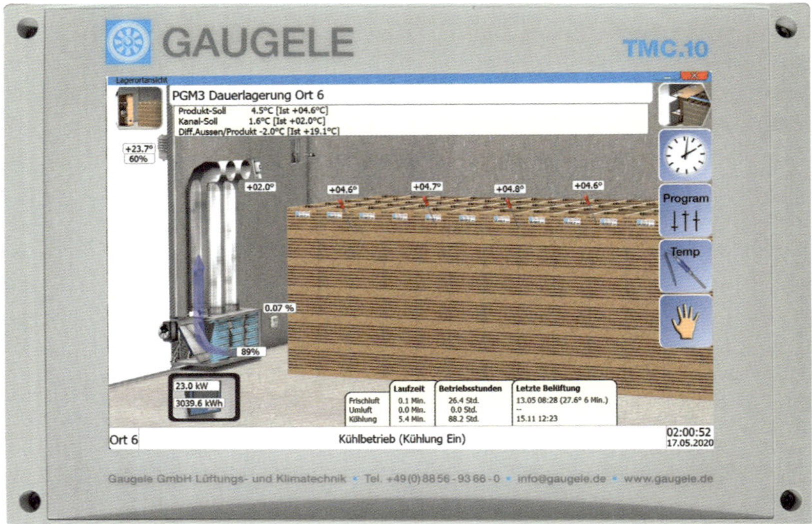

Abb. 12-2: Der Regler TMC.10 sorgt möglichst energiesparend für optimale Frische des Lagerguts. Je nach Ware und Lagerphase stehen bis zu 50 verschiedene Programme zur Verfügung.

optional möglich, weltweit durch eine verschlüsselte Verbindung jederzeit den Zustand der Güter zu überprüfen.

Für den Lagercomputer TMC.10 wird eine »Online-App« angeboten, die bei Vorhandensein einer ausreichenden Netzabdeckung eine Fernwartung des Lagercomputers erlaubt und das Abrufen und Anpassen verschiedener Lagerparameter ermöglicht (Abb. 12-3).

Des Weiteren lassen sich Neuerungen oder Kundenspezifikationen leicht per USB-Stick auf den TMC.10 einspielen oder Daten und Einstellungen exportieren. Durch eine spezielle Systemstruktur ist es auch möglich, mehrere TMC.10-Geräte in einem Lagerkomplex anzubringen und jeden Lagerort von jedem Gerät aus zu steuern.

Als ein weiteres Beispiel soll nachfolgend der benutzerfreundliche Vision Control-Klimacomputer von Tolsma-Grisnich als Komplettlösung für die Klimasteuerung in Lagerstätten für Kartoffeln, Zwiebeln, Karotten usw. vorgestellt werden.

Abb. 12-3: Mit einer Online-App kann das Lager von jedem Ort aus sicher kontrolliert und gesteuert werden.

Der Vision Control steuert u.a. Ventilatoren, Belüftungsklappen, mechanische Kühlung und Heizung auf der Grundlage der gemessenen Temperatur, der relativen Luftfeuchtigkeit und des CO_2-Gehalts. Damit ist die Anlage optimal auf die Qualität des Produkts und den höchstmöglichen Lagerertrag ausgerichtet.

Mit dem Energiemanagement-Modul der neuen Generation des Vision Control-Lagercomputer können Nachfrage und Angebot von Energie innerhalb eines Betriebs optimal aufeinander abgestimmt werden. Dadurch ist eine erhebliche Einsparung der festen (Anschluss- und Festgebühren) sowie der variablen Kosten möglich. Während der Aktivität anderer Stromverbraucher (z.B. einer Sortiermaschine) wird das Ein- und Ausschalten der Lüftung und Kühlung automatisch geregelt.

Abb. 12-4: Energiemanagement-Modul im Vision Control-Klimacomputer

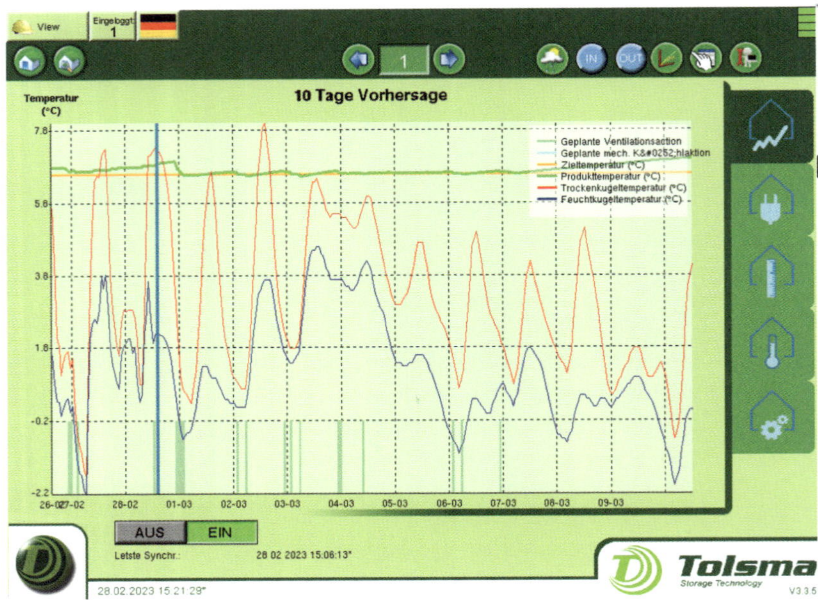

Abb. 12-5: Wetter in Control

Die Module »Energiemanagement« (Abb. 12-4) und »Wetter in Control« (Abb. 12-5) gehören zu dieser Komplettlösung.

Mit dem Modul »Wetter in Control« ist es möglich, beim Belüften eines Produkts im Lager die aktuelle Wettervorhersage zu berücksichtigen.

Mit der »Fresh Box« (Abb. 12-6) wird die Luft im Lager zum jeweils richtigen Zeitpunkt erneuert. Dadurch wird Energie eingespart (bis zu 70 %) und eine zu hohe Luftfeuchtigkeit verhindert. Die Box regelt vollautomatisch das Einsaugen von frischer Außenluft. Diese wird gekühlt und CO_2 wird nach außen geleitet.

Abb. 12-6: Tolsma Fresh Box

Berücksichtigung der Luftfeuchte

Moderne Automaten berücksichtigen zur Belüftung die Außenluftfeuchte in der Weise, dass sie es erlauben, einen oberen und einen unteren Grenzwert der Feuchte festzulegen, bei denen belüftet werden kann, falls Lüftungsbedarf besteht (z. B. eine Einstellung:

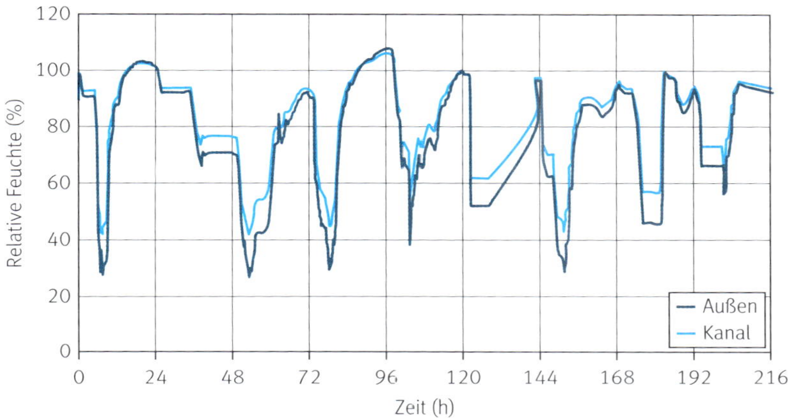

Abb. 12-7: Verläufe der rel. Feuchte der Außenluft und der Zuluft im Kanal während der Dauerlagerung (Auszug; Beginn der Zeitskala ca. 7:30 Uhr)

»Erlaube eine Belüftung nur, wenn die relative Feuchte der Außenluft im Bereich von 80 % bis 95 % liegt«). Ein Blick auf den typischen Feuchteverlauf der Außenluft zeigt, dass diese meistens in den frühen Morgenstunden eine hohe relative Feuchte besitzt (Abb. 12-7). Die relative Feuchte fällt sehr schnell ab, sobald die Außenlufttemperatur am Vormittag ansteigt.

Die Feuchte im Kanal liegt etwas höher als in der Außenluft. Das beruht darauf, dass das Klima in der Lagerzelle durch die Transpiration der Kartoffeln mit Wasserdampf höher angereichert ist, und zwar in der Regel nahe der Sättigung (ca. 90 % bis nahe 100 %). Im Bereich des Kanals vermischt sich die Frischluft (Außenluft) mit der Innenluft (Abluft aus dem Stapel) und erhöht dabei die relative Feuchte der Zuluft.

⊘ Checkliste Kartoffellager

Versuchsstation Dethlingen

Um gut auf die nächste Lagersaison vorbereitet zu sein, sollte nicht nur das Lager sorgfältig gereinigt, sondern auch die Technik rechtzeitig auf Funktionalität überprüft werden. Dabei ist es egal, wie alt das Lagerhaus ist, denn eine Sichtkontrolle und gegebenenfalls ein Probebetrieb erhöhen die Sicherheit, die nächste Saison ohne größere Schäden zu überstehen. Mit der nachfolgenden Checkliste werden die wichtigsten Punkte kontrolliert:

Gebläse	✓	Anmerkungen
Sichere Befestigung des Motors und des Lüftungsgitters	☐	
Flügel ohne Bruchstellen und ohne Ablagerungen = runder Lauf	☐	
Motorgehäuse dicht, Kühlrippen sauber	☐	
Lager ohne Verschleißgeräusche	☐	
Kabel ohne Bruch- und Scheuerstellen	☐	
Kontrolle der Frequenz- oder EC-Regelung	☐	
Bei Bedarf Fachkraft für Elektroarbeiten hinzuziehen	☐	
Kühlanlage		
Regelmäßige Kontrolle durch zertifizierten Betrieb und Eintrag in Prüfbuch	☐	
Visuelle Kontrolle auf Dichtigkeit der Leitungen (Öl- oder Dreckstellen)	☐	
Funktionsfähigkeit der Sensoren prüfen	☐	
Kabel ohne Bruch- und Scheuerstellen	☐	
Sichere Befestigung aller Baugruppen	☐	
Überprüfung der Ventilatoren am Verdampfer und Verflüssiger sowie Außenluftgebläse	☐	
Vorsichtige Reinigung der Verdampferlamellen	☐	
Laufzeit aus dem Vorjahr notieren und auf »null« stellen	☐	
Lüftungskanäle		
Reinigung der Unterflurkanäle	☐	
Kanalklappen und -türen kontrollieren	☐	
Beleuchtung in Druckkammer	☐	
Hochstehende, unvollständige oder beschädigte Kanalspalten austauschen	☐	

Lüftungskanäle	✓	Anmerkungen
Oberflurkanäle reinigen, richten und gegebenenfalls ersetzen	☐	
Abschlussschläuche und -planen auf Dichtigkeit prüfen	☐	
Zu-, Misch- und Abluftklappen		
Funktionalität und Dichtigkeit überprüfen, evtl. Dichtungen ersetzen	☐	
Vollständige Schutzgitter, Lüftungshauben und Geräuschdämpfung	☐	
Antriebsmotoren und Endschalter kontrollieren	☐	
Gestänge und Lager schmieren	☐	
Tore und Türen		
Leichtgängigkeit überprüfen, manuelle Sicherung funktionsfähig	☐	
Dichtigkeit überprüfen	☐	
Notfalltüren funktionsfähig und gekennzeichnet	☐	
Beleuchtung		
Ausreichende und funktionsfähige Beleuchtung im Arbeitsbereich	☐	
Grüne Leuchten im Lagerbereich	☐	
Sensoren und Zeitschaltung bei Reparaturen/Ersatz integrieren	☐	
Computersteuerung		
Temperatur-, Luftfeuchte- und Kohlendioxidsensoren kontrollieren/abgleichen	☐	
Außen- und Kanalfühler überprüfen	☐	
Funktionsfähige Frostschutzthermostate	☐	
Kabel ohne Bruch- und Scheuerstellen	☐	
Prozessorgehäuse staubdicht	☐	
Kabel- oder kabellose Verbindung zum Lagerhaus-PC überprüfen	☐	
Betriebsdaten notieren/abspeichern und auf »null« stellen	☐	
Evtl. Updates aufspielen	☐	
Probebetrieb	☐	
Bei Bedarf Fachkraft hinzuziehen	☐	

Bildquellenverzeichnis

Cover: juniart – stock.adobe.com

S. 7: Pixabay, Manfred Richter; **S. 10:** Grimme; **S. 11:** KWS; **S. 13:** Netto; **S. 16 (oben):** Peters, **(unten links):** Kröger, **(unten rechts):** Ropa; **S. 18:** Restrain; **S. 21:** Pixabay, Steve Theaker; **S. 23–24:** Thiel, LWK Niedersachsen; **S. 25:** Schubiger, LWK Niedersachsen; **S. 27 (oben):** Thiel, LWK Niedersachsen, **(unten):** Fricke, LWK Niedersachsen; **S. 28 (links, Mitte):** Heeren, LWK Niedersachsen, **(rechts):** Erdmann, LWK Niedersachsen; **S. 29– 32 (links):** Heeren, LWK Niedersachsen, **(rechts):** Thiel, LWK Niedersachsen; **S. 40:** DPIRD; **S. 47:** Gaugele; **S. 48 (oben):** Warzywapolowe.pl, **(unten):** Schröder Spritzschaumtechnik; **S. 51: Tolsma; S. 52:** Mooij Agro; **S. 53:** Gaugele; **S. 57, 59:** Tolsma-Grisnich; **S. 65, 66 (oben):** Friweika, **(Mitte, unten):** Mooij Agro; **S. 67:** Tolsma-Grisnich; **S. 73:** Gaugele ; **S. 74, 75, 76 (in Kasten):** Tolsma-Grisnich, **(unten):** Gaugele; **S. 77, 78:** Tolsma-Grisnich; **S. 79:** Gaugele; **S. 80 (in Kasten):** Tolsma-Grisnich, **(unten), 81:** Gaugele; **S. 87, 88:** Tolsma-Grisnich; **S. 90, 91 (oben):** Gaugele, **(unten), 92:** Tolsma-Grisnich; **S. 97:** weyo – stock.adobe.com

Sachwortregister